JN306436

二

運動嫌いほどやせられる

最小の努力で最大の効果を得られるダイエットメソッド

GS
幻冬舎新書
317

まえがき

皆さんは「やせる」というと、どんなイメージがわきますか？

「毎日運動しなければいけない」
「ランニングをしなければ脂肪は燃えない」
「腹筋運動を頑張らないとお腹が凹まない」
「大好物をずっと我慢しなければならない」

辛い運動に、食事制限、ダイエットにはたくさんの努力と我慢が必要、そう思っているかもしれません。しかし、これは大きな間違いです。

そもそも、やせたいけど運動は苦手だし、面倒だからしたくない、と思う人も少なくないでしょう。

「運動嫌い」な人は多くの場合、学校で体育などが上手くできず、良い成績も残すことができなかった、運動に対する苦手意識やマイナスイメージを持ってしまった方です。

私がそんな皆さんに訴えたいのは、生まれつき運動が苦手という人はいない、正しく運動を行えば誰でも必ず結果は出る、ということです。

そしてこういう方にこそ、運動を強くオススメします。なぜなら、運動嫌いのほうがやせられるからです。

運動に慣れてない人は全身の筋肉を合理的に動かさないので、筋力トレーニングのときに筋肉にかかる負荷が大きくなります。そのため運動神経の良い人よりトレーニング効率がよくなり、少ない回数と時間で筋肉が鍛えられ、その結果モチベーションもドンドン上がっていきます。

つまり、運動が苦手な人の方が、得意な人より効果が出やすいのです。

また筋力トレーニング、有酸素運動、ストレッチなどの体力トレーニングは正しくやれば、意外なほど短い時間で効果を発揮します。皆さんが物足りないくらいの回数や量で十分なのです。

本書は普段から運動を習慣にしていない「運動嫌い」の人が、効率的に、最小の努力でやせるためのものです。

正しい運動の方法を知って実践して頂き、自分の望む姿を最短の道のりで手に入れて頂ければ幸いです。

運動嫌いほどやせられる／目次

編集協力　石飛カノ
写真撮影　田辺エリ
図版作成　美創

第1章

なぜ運動嫌いほどやせられるのか

食べなければやせるの罠《わな》

まず、本書の根本のテーマ、〝やせる〟ということについて考えていきましょう。ひと口にやせるといっても、単にやせることと正しくやせること、このふたつはまるで違います。

やせるということは、長年、体重を落とすこととイコールでした。そもそも日本人が体重を落とさなければと思い始めるようになったのは、高度経済成長期以降。それまでは栄養が足りず、やせようなどとは思いもよらなかった日本人は、この頃から徐々に太りはじめたのです。

その結果、食べない、飲まない、サウナなどで汗を大量に出す。手っ取り早い方法で体重さえ落とせば、あとはどうでもいい。そんな風潮が蔓延《まんえん》したのです。

この風潮は今でも根強く残っていて、多くの女性が取り組むダイエットは「食べない」という方法が中心です。ところがこれは、かなり危険なこと。実は、食事を減らすことで起こる最も怖い影響は脱水状態になることです。

体内の水分量は体重のおよそ60％。体重60kgだとすると、36kg分は水分で構成されています。ほとんどの食品の約50％以上、野菜果物に至っては約90％が水分ですから、これをカットすることで36kgの3％程度、1日でおよそ1kgくらいの水分が減って体重が落ちます。でも、もちろん、これは間違った減量です。

水分は生命の根本です。不足すれば血液がドロドロになって血栓ができる可能性もあります。栄養を運んだりエネルギーを作り出したりという体内で行われる化学反応は、すべて水があった上で円滑に行われるので、これらも滞ります。

食べないことで血液中の糖質が減ってしまうことも問題です。低血糖の状態になると、脂肪とともにカラダに必要なタンパク質も分解されてしまいます。また、糖質は脳の栄養素でもありますから、思考力や集中力の低下も起こり、最悪の場合は意識を失います。それもこれも、すべては体重さえ減ればよいという思い込みが原因なのです。

時代が下って90年代になると、フィットネスクラブの隆盛とともに体脂肪計が登場します。そしてこれ以降、「体脂肪」という言葉が普及し始めました。同時にやせる上で肝心なのは体重ではなくて体脂肪率である、という認識も徐々に浸透してきました。これまでの体重至上主義では度外視されていた脂肪以外の部分、皮膚、髪の毛、血液、筋肉、骨、そういったものを極力減らさずにやせることの重要性が説かれるようになりました。正しいダイエットの台頭です。

こうしたことから、体脂肪以外の部分を減らさずにやせる減量の指標ができてきました。現在、減量の目安は1週間で体重の0・5〜1％まで。体重80kgなら400〜800g、1か月で1・6〜3・2kgの減量ペースが適正です。これくらいのペースであれば、脂肪以外の部分の減少を抑えながらやせることができるというわけです。

極端なカロリー制限をすれば、極端な食欲がでる

ダイエットを語る上で、「カロリー制限」という言葉がよく使われます。当たり前のように見聞きする言葉ですが、そもそもカロリーとは何を指すのか。まずここから説明していきましょう。

カロリーとは熱量＝物質がもっているエネルギーの単位です。1㎖の水を1℃上げるのに必要な熱量が1カロリーに当たります。でもこれは、私たち人間の日常生活で食物

から摂《と》ったり運動で消費する熱量と比べると、微々たるエネルギー。私たちが使うエネルギーの単位は1kcal、1カロリーの1000倍です。もし、カロリー単位で表すと、あめ玉1個で1万カロリー、バナナは8万カロリーとなります。これではインフレに陥っている国の通貨のように膨大な数字になってしまうので、あめ1個で10kcal、バナナ1本で80kcalと翻訳しています。

それでも、熱量を表す単位の基本はカロリーですから、ふだん慣習的にカロリーという言葉を使っているのです。ちなみに、「カロリー制限」という言葉は表現として正しくありません。カロリーはエネルギーの大きさを表す単位です。本来は〝エネルギー量の制限〟というのが正しい表現です。とはいえ、日本では長年、食物のエネルギー量そのものをカロリーという言葉に置き換えてきました。学者や指導者同士の会話は別として私たちが、それをあまり細かく気にする必要はないと思います。そこで本書でも敢《あ》えてエネルギー量をカロリーと表現していきます。

さて、このことを踏まえた上で、カロリー制限について考えていきましょう。

1週間に体重1%の減量。これを達成するためには、極端に食事のカロリーを制限する必要はありません。たとえば、体重100kgの人であれば、1%は1kg。体脂肪に換算するとおよそ7000kcal分のカロリーになります。ということは1日につき1000kcal分食事の量を減らせばいいわけです。体重80kgの人は少なくとも1日3200kcalくらい食べていますから、全体の食事量を3分の2くらいに抑えればいいのです。ところが、過激なダイエットで食事量を一気に半分くらいに減らしてしまうことが少なくありません。

食事、睡眠、排泄《はいせつ》は人間の生理的欲求の3本柱です。過激なダイエットをすれば、そのひとつに強い抑制がかかるわけですから、食に対する貪欲《どんよく》さが生じます。それも異常なほどの欲求です。最悪の場合は過食や拒食を繰り返す、摂食障害に陥る可能性もあるのです。

「1週間で5kg減」「1か月でマイナス15kg」などといった即効性をうたうダイエットは未《いま》だに存在しています。でもこれは、生理学的にありえない数値。こんな過激なカロリー制限をすればたちまち、脱水、低血糖になり、筋肉は減り、骨はスカスカになり、逆に間もなく過度な食欲を引き起こすことになります。

食事でやせるか運動でやせるか

体重100kg、体脂肪率30%の人が食事制限をして80kgになったとします。最初の脂肪の量は30kg、それ以外の筋肉、骨、血液、内臓などの部位（これを除脂肪活性組織といいます）は70kg。ダイエットでそれぞれ10kgずつ減って体脂肪率は25%になりました。やった！　と喜びもひとしおでしょう。

ところが、残念なことに、その後リバウンドして元の体重に戻ってしまいました。このとき体重は元と同じ100kgですが、中身が全然違います。除脂肪活性組織は増えずに脂肪だけが増えてしまったからです。除脂肪活性組織はやせたときの60kgのままで、残りの40kgは体脂肪。つまり、体脂肪率40%と以前よりかなり増えた状態です。

体脂肪が増えて除脂肪活性組織が減る。これはダイエット・リバウンドによる最大のデメリットであり、繰り返すほどに悪化していきます。食事制限のみの減量では、脂肪だけでなく必ず除脂肪活性組織も減っていきます。そして減った分は脂肪のように元に戻りません。こうしてリバウンドを繰り返すうち、筋肉の量、骨密度、赤血球の数が減っていき、体力が低下してカラダがどんどん弱々しくなっていくのです。このような状態をヨーヨー現象と呼びます。

除脂肪活性組織の中でも食事制限で特に減りやすいのは筋肉です。体脂肪は食事をすると増え、空腹時に減り、と上下動を繰り返しますが、筋肉は違います。食事をしても増えることはなく、空腹時に減るので右肩下がりに減少します。これは食事制限が過激であるほど顕著です。

「筋肉なんかなくてもいい」と思うかもしれませんが、それは大きな間違い。筋肉の役割は生きるための熱を発生することにあります。熱を発生するためにはたくさんの栄養を消費するので、筋肉が減るということは熱の発生量を減らし、その結果エネルギーを使わない、燃費の良いカラダになってしまうのです。

体脂肪だけを減らし、リバウンドを防ぐためには、食事制限を行うときに筋トレを取り入れることが必要です。食事制限と筋トレは常に1セットと考えてください。ダイエット目的の方に筋トレをご指導すると「私は筋肉をつけたくありません」と言われることがあるのですが、目的は筋肉を増やすことではありません。筋肉を増やす効果のある筋力トレーニングで筋肉の量を減らさずにプラスマイナスゼロの状態をキープするためです。

体脂肪を減らしてやせるための方法はふたつしかありません。食事制限でカロリーを減らすか、運動でカロリーを消費するかです。

1日で500kcal分を減らすとします。食事で減らす分には大した苦労はいりません。成人男性の場合、夕食で1000kcalくらいとっているので、これを半分に減らせばいいだけです。ところが、運動で500kcal消費するのは、かなり大変なこと。1時間のジョギングくらいの運動をする必要があります。また、食事を毎日減らすことはできますが、これだけの運動を毎日行うのはかなり難しい。よほどの運動好きでなければ、食事制限＋筋トレで正しい減量に臨む方がずっと現実的で効率が良いのです。

食べても太らない人は存在する？

同じものを食べているのに、Aさんは太らずにBさんは太っている。これは、いわゆる体質の違いによるものなのでしょうか。

遺伝的な要因は確かにあるかもしれません。人によって骨格や内臓の大きさが違うように、消化吸収能力が高い人、低い人、ある種の消化酵素をもっている人、いない人という違いはあるでしょう。消化吸収能力が低ければ、栄養が取り込めないので、同じものを食べても太りにくいということもできます。

また、食事をした後、消化のプロセスでエネルギーが発生します。このエネルギーを食事誘発性体熱産性（DIT）といいますが、これにも個人差は多少あります。1日の総エネルギー消費量の10～15％はDITが占めていますが、10％の人もいれば15％の人もいます。消化に手間のかかるタンパク質はDITをより高めるので、タンパク質食品を大量にとっている人はそれだけエネルギー消費をしています。

ただし、こうした「体質」と呼ばれるものの差は微々たるもの。幹ではなく枝葉の部分であり、それを変えることはできませんから考えてもあまり意味がありません。

たとえば、相撲取りの子どもがなぜ相撲取りになるのかといえば、明らかに遺伝的要因以外の後天的な環境によるものです。よく食べる親は、子どもにも同じように食べさせます。子どもも親の真似をして育ちます。食べ放題のレストランで、そっくりの体型をしたお母さんと子どもを目にすることがありますが、親子そろって脂っこいものをお腹《なか》いっぱい食べてから、食後のデザートやアイスクリームをぺろりと平らげています。

体質よりも、むしろ重要なのはこちらの後天的要因です。遺伝子は変えられませんが、生活習慣は変えられます。生活習慣は思い込みによって作られることが多いからです。刷り込みや周囲の期待に無意識に応《こた》えようとする心の働きが、生活習慣に反映するのです。

よく遅刻する人に、周囲の人間が「どうせアイツは遅れてくるから」という態度をとると、無意識のうちに遅刻することが習慣になってしまう。逆に「アイツは絶対遅刻しない」と期待されれば、その期待を裏切らないようになるでしょう。このような心理的な効果を「教師の期待効果」またはピグマリオン効果ともいいます。ちなみに、周囲が期待しないことで、効果が下がる場合はゴーレム効果と呼びます。

食習慣も同じこと。親に「あなたはよく食べるから」と言われて育てば、本人も自分はよく食べる人間だと思い込み、その期待に応えようとたくさん食べようとします。生まれてから十何年かけて刷り込まれた習慣は、なかなか改善することが難しいでしょう。

けれど作られたものですから必ず変えることができるのです。

脳は都合のいいことだけを記憶する

太る人と太らない人の話をもう少し続けましょう。

食べているのに太らない、食べないのに太るという人たちは、明らかに記憶違いをしているケースがほとんどです。昨日何を食べたか、と聞かれて即答できる人はあまりいません。一昨日《おととい》何を食べたかとなると、もうほとんど覚えていないでしょう。

その一方で、一番最近お腹いっぱい食べたもの、あるいはとても美味《おい》しかったもの、または全然食べられなかった日のこと。こうした特別なことは記憶に残ります。

先日、「食べてるのに全然太らないんです」という男性クライアントに、「どのくらい食べているんですか?」と尋ねてみました。すると、「この間、焼き肉を10人前食べました」という答え。そこで、3日間食べたものを記録してきてもらい、カロリー計算をしてみると、圧倒的にカロリーが少ない。こういう人は、たまたまものすごく食べた日があるけれど、普段はあまり食べていないというタイプです。

逆に食べていないのに太るという人は、食べたことは記憶になくて、極端に食べられなかった日のことだけが頭の中に残っていることが多い。人間の記憶というのはうまくできていて、自分に都合のいい部分だけを残そうとするわけです。

ちなみに、食べているのに太らないという理由のひとつに、先ほど触れた筋肉量の差があります。筋肉1kgは1日約30kcalを消費するといわれています。同じ体重の人でも筋肉量が15kgと25kgの人では、後者の方が1日300kcal余計にエネルギーを消費しているということ。つまり、300kcal分上乗せして食べても太らないということです。

当たり前のことですが、基本的には食べれば太りますし、食べなければやせます。あとは筋肉量という条件が、太る太らないの差を生むだけです。「体質」というまやかしに、くれぐれも騙《だま》されないでください。

「食事5：睡眠3：運動2」の法則

やせるための取り組みには、3つの柱があります。ひとつは食事、ひとつは睡眠、最後に運動です。それぞれにかけていくべき労力は、全体を10とすると、食事が5、睡眠が3、運動が2というバランスになります。

食事は毎日、定期的にとるもので、摂取カロリーのコントロールに最も深く関わっています。やせるためには最重要視すべき項目です。食べる量に加え、食べる回数や食べる時間帯などのチェックや計画を立てることは欠かせません。

運動に関しては、意外なようですが最も労力をかけずに行う項目です。後に詳しく紹介しますが、本書ですすめている運動は20分くらいの運動を1週間のうちに3回行うだけでいいのです。1日24時間の中のたった20分ですから、努力としては10分の2くらいの比率となります。

運動よりもむしろ意識したいのが、睡眠です。睡眠が減量に関係するということを、みなさんはあまりご存知ないかもしれません。ところが、睡眠はダイエットにとってかなり重要な条件なのです。

お風呂は入るか、マッサージをしているか、睡眠時間はどれくらいか。私はクライアントの方には日頃、これらの休養ができているかを必ず尋ねるようにしています。すると、太っている方で睡眠時間を7時間以上とっている人はまずいません。平均すると5

時間程度と、恐ろしいくらいに短いのです。

睡眠のメリットのひとつは、余分なカロリー摂取を抑えるということ。受験勉強のときに夜食を食べた経験がある人ならお分かりでしょうが、起きている時間が長ければ長いほど、ものを口にする機会が増えます。最近の研究では、睡眠不足が続くと食欲を増進させるグレリンというホルモンの分泌が増え、逆に食欲を抑えるレプチンというホルモンの量が減少することが分かっています。夜更かしは肥満のもと、という経験的に知っていたことが科学的に証明されているのです。

20歳の時のカラダを目指そう

フィットネスクラブで、たまに見かける光景があります。

インストラクターが同じ腕の筋トレの種目を指導するときに、男性に対しては「このトレーニングで腕の筋肉が太くなります」とアドバイスし、女性には「二の腕が引き締まりますよ」と違うアドバイスをするという光景です。しかし、これでは全くのダブルスタンダード。一体どちらが正しいのでしょうか？

基本的に筋トレで筋肉が引き締まるということは、ありえません。筋肉は肥大する、ただそれだけです。引き締まるというのは、全体的に脂肪が削れて筋肉のシルエットや骨格のメリハリが見えてきた結果の話。筋肉が部分的にカラダをキュッと引き締めるわけではないのです。

筋肉は肥大するだけ。と聞くと、とくに女性の中にはムキムキになるのでは？　という心配を抱く人がいます。それは完全な杞憂《きゆう》です。ダイエット期間中であれば、筋肉は増えません。前述のように、食事制限によって減っていく筋肉をトレーニングでプラマイゼロにするだけです。目標の体型に達したら、筋トレは筋肉量を維持する程度、週に1回程度行えば体型を維持できます。もし、さらに筋肉を増やしたいというならば、食事制限を止《や》めて食事量を増やし、筋トレに励むのもいいでしょう。

本書を手にとった方は、20歳の頃に比べてお腹が出てきたのを何とかしたい、と考えている人がほとんどでしょう。となると、減っていく筋肉を維持して、やせるだけで目的は十分に果たせるはずです。プラマイゼロでいいのです。通常、人生における筋肉量のピークは20歳前後。今までの人生の筋肉量のベストである、20歳のカラダを目指すつもりで筋トレに取り組んでみてください。

運動していた人の方が太りやすい

実はかつて運動していた人ほど、昔に比べて体脂肪が増えていることが多いといえます。理由は、運動していた頃と、一般的な生活とのギャップが大きいからです。

学生時代に部活をやっていた人は、最低でも1日2時間はカラダを動かしていたことでしょう。これは消費エネルギーにすると少なくとも1000kcal、カツ丼一杯分に当たるカロリーです。ところが、真剣にスポーツに取り組み活躍していた人ほど、社会人になってパタッと運動を止めてしまいがちです。

プロ野球選手などを見ても、引退すると見事に運動から離れてしまいます。これもやはり、現役時代に活躍していた選手であるほど顕著に見られる傾向です。彼らはすでに一生分とも言える運動を経験してしまったため、カラダを動かすことに飽き飽きし、心理的に飽和状態になるのです。

人間あるいは動物の生理的欲求として食欲はあっても運動欲というものは存在しませ

ん。運動（狩猟、採集、労働）は食料を得るため、テリトリーを得たり守るための手段ですから、生活の糧としての必要性がなくなればキッパリ止めてしまうわけです。

そんなふうに運動を急激に止めてしまったにも拘《かか》わらず、食生活の方はほとんど変わらない。運動していたからこそ、たくさん食べてもエネルギーが相殺されていたのに、引退後も必要以上の食事を引き続き食べてしまう。当然、カツ丼一杯分のエネルギーは宙に浮きます。使われなかったエネルギーがどうなるかというと、エネルギーの貯蔵庫である体脂肪としてカラダに蓄えられてしまうわけです。同窓会で、かつてスポーツマンでカッコよかった人が、まるで別人のように肥満体型に変身していた、という経験が皆さんにもあるのではないでしょうか？

一方、同じ同窓会で出会った元文科系クラブの人、帰宅部の人は、そこまでの体型変化は見られません。もともと運動していない人は、学生時代と社会人としての生活にあまりギャップがないので、エネルギーが大幅に余るということがないからです。こちらは急激に太ることはなく、10年くらいかけて徐々に筋肉がやせ細って代謝が下がり、隠れ肥満になっていくタイプといえるでしょう。

運動嫌いほど運動効果は高い

さて、最近お腹の出っ張りが気になってきた、体重を絞りたいといった理由で、運動、たとえば筋トレを始めたとしましょう。かつて運動が得意だった人は、意外なことに正しいフォームをなかなか習得できない場合があります。過去の経験から無意識に合理的な動きをしようとするからです。

ウエイトトレーニングの専門用語で、反動を使ったり、全身を使ったりしてウエイトを上げ下げすることを「チーティング法」、反動を使わないで、目的とする筋肉だけを使って行うトレーニングを「ストリクト法」といいます。このうちどちらが合理的な動きかというと前者。

筋トレではA地点からB地点に重いものを持ち上げる際に、あえて非合理的な動作で、目的とする筋肉だけを使うことで効率よく筋肉が鍛えられます。しかし、A地点からB地点まで、できるだけ重さを感じずに、楽に重りを持ち上げようとするのが自然な動作。合理的なのは多くの筋肉を使って負荷を分散させるチーティング法です。スポーツ選手は長年の習慣で、合理的なカラダの動かし方が身についているために、無意識のうちにチーティング法で筋トレをしやすいのです。

ただ、いかに合理的にカラダを動かすかというのはスポーツの領域では正解ですが、筋トレという意味では不正解。筋トレは最も非合理的な動作をして初めて効果が出ます。二の腕なら二の腕の筋肉だけを使ってウエイトを持ち上げるからこそ、効果が期待できるのです。

そんなわけで、ストリクト法のいわゆる正しいフォームを早く覚えるのは、むしろ運動経験が少ない人の方です。無意識のうちに合理的なカラダの使い方をしようとせず、指導したそのままのフォームに忠実だからです。

さらに、運動に飽和していないことも、運動経験の少ない人の強みといえるでしょう。運動経験者はかつてベンチプレスで100kgを持ち上げていたのに、今は50kgしか上がらない。30分で10km走れていたのに、今では5kmしか走れない。と、つい、過去の自分と今の自分を比べてしまいます。そのときの無力感たるや、かなりのもの。モチベーションは当然、ガクンと落ちてしまいます。

これに対して運動未経験者は、今の自分と比較する対象がありません。10kgの負荷が11kgに上がったり、先週は15分しか走れなかったのが今週は20分走れたとなれば、素直に嬉《うれ》しい。自分はやればできるのだという自信、専門的に言うと自己効力感と言いますが、これが行動を変えていく際に実に大事な要素になります。

そして、「えっ、こんなに楽しいの？」「カラダを使った後の疲労感がこんなにも爽快《そうかい》だなんて」と、どんどんモチベーションにつながっていきます。

やれば効果が出ることとは確実です。これまで運動嫌いだった人こそ、今、運動を始める意味は大きいといえるでしょう。

運動がカラダにいい理由

運動によって得られる副次的効果には、次のように、さまざまなものがあります。

①疲れにくくなる

専門的には「予備力が上がる」という言い方をします。高齢者の方が１００m歩くと息を切らしてしまいますが、30代、40代の人間が同じことをしてもまったく疲れません。後者の方が「予備力がある」からです。疲れにくくなるというのは、このように余裕を残してカラダを動かせるようになるということ。

たとえば、ウエイトトレーニングを続けて行っているとします。でも、日常生活で重いウエイトを持ち上げることはまずありません。そのかわり、階段を上がる、荷物を持って歩くという行動に余裕が生まれてくるのです。予備力として持久力や柔軟性を高めることも必要ですが、日常生活に直結するのは筋力です。筋力トレーニングによって筋肉がグレードアップし、発揮できる力が大きくなれば、日常生活はどんどん楽に感じるようになっていきます。

②睡眠の質がよくなる

人は交感神経と副交感神経からなる自律神経のバランスで日内リズムをとっています。日中は交感神経が働くおかげでアクティブに動けますし、夕方から夜にかけて副交感神経が優位になるとカラダは休息モードになります。日中、交感神経が働くからこそ、夜に副交感神経が活性化するわけです。

ところが、現代人の生活は大きな力を出したり、長い距離を歩く必要がないため、日中に激しく交感神経が刺激されることもないし、逆に夜も音や明かりなどの刺激が多いために、副交感神経がしっかり働くこともありません。そこで、運動が功を奏します。運動中は交感神経にスイッチが入ります。運動で強い刺激を入れることで、その後、副交感神経が優位になり、質のいい睡眠がとれるという仕組みです。

睡眠の最大の目的は脳のクールダウン。日中、農作業をしようがパソコン作業をしようが、脳は常に使われてオーバーヒート状態です。その活動を低下させて栄養と酸素を送り込みます。もうひとつの目的はカラダの修復。寝ついて1～3時間後、成長ホルモンが大量に分泌されて、細胞の修復や分裂が行われます。筋肉、骨、皮膚、死んでいく細胞と新しく作られる細胞が入れかわって、全身に60兆個ある細胞がリフレッシュされます。運動で睡眠の質がよくなれば、脳やカラダの疲れがとれ、細胞のリフレッシュもスムースに行われます。

③ストレスが緩和される

運動にはストレス解消の効果が期待できます。

ストレスがかかると、副腎という臓器からアドレナリンというホルモンが分泌されます。これは心拍数や脈拍を上げ、血糖値を上昇させるホルモン。エネルギーをたくさん動員して筋肉を動かす、カラダを戦闘モードにもっていく役割があります。

太古の昔は、アドレナリンが分泌されるのは、闘うか逃げるか（ファイト・オア・フライト）しかない状況でのことでした。強い肉食獣と対峙《たいじ》する、他の集団とテリトリーを争う、仲間と女性を奪い合うなど、そういった強いストレス下では闘うにしろ逃げるにしろ、カラダを使って対処するしかありません。

ところが、現代人は仕事でも日常生活でもストレスがかかってアドレナリンが出ても、カラダを使わないので、その恩恵が無駄になります。その結果、ストレスが解消されにくいのです。

陸上競技の円盤投げの選手は、投擲《とうてき》の後、大声で叫び、全身の筋肉に力を込めます。あれは、溜《た》めたアドレナリンを一瞬しか使っていないので、あのような行動で消費しているのです。その後は血中のアドレナリンが低下し、ストレスが解消され、安定した心身の状態に戻るのです。

現代生活では叫ぶ機会も、カラダを激しく動かすこともないので、中途半端にアドレナリンが血中に残ってしまいます。それを解消しようとして、無意識に貧乏ゆすりをしたり、爪をかじったり、ものに当たったりします。ですから、それをトレーニングでポジティブに有効活用します。運動を行うと日中の仕事や生活で溜まったアドレナリンが消費されて、ストレスが軽減し、開放感を感じるというわけです。

④姿勢がよくなる

私たちは自分の体重を骨と関節、そして筋肉で支えています。筋肉が衰えて脂肪の量が多くなると、骨と関節でカラダを支えることになります。すると余分な負荷が関節に常にかかり、痛みが出たり、姿勢が悪くなったりします。

そこで筋トレを取り入れると、どうなるか。カラダを支える筋肉が養われて関節への負担がまず減ります。また、筋トレのプログラムは、基本的に上下左右の部位を均等に鍛えるようにできています。押すという動作をしたら、必ず引く動作を行う。腹筋を鍛えたら背筋も鍛える。というように、バランスよく刺激を入れていきます。筋肉がバランスよく鍛えられる上、大きな動作を行うことで柔軟性も養われます。その結果、姿勢がよくなるというわけです。

第2章 運動嫌いはなおせる

運動が嫌いな2種類のタイプ

運動嫌いのタイプはふたつあります。ひとつは、もともと運動が嫌い、という人。小学校の体育の授業で跳び箱をうまく跳べなかったり、逆上がりがうまくできなかったという人。そんな子はクラスに必ず何人かいるものですが、小さな不成功体験が重なるごとに、運動に対する自信はどんどん失われていきます。そのような子は中学校になると当然、文科系のクラブを選択し、高校では帰宅部、大学では合コンに励み、大人になっても運動と無縁な関係が続きます。「運動＝難しい」と感じているタイプです。

もうひとつの運動嫌いのタイプは、運動をやりすぎて心身ともに飽和状態になってしまった人たちです。『あしたのジョー』のように、やり切って燃え尽きてしまった状態です。学生時代はめちゃくちゃにカラダを動かしていたのに、社会人以降はうってかわって運動と疎遠になります。こちらは「運動＝苦しい」と感じているタイプです。

それぞれ、運動によってカラダを変えていくという本書の目的とは、まったく別のイメージを運動に対して抱いていることでしょう。そのイメージを払拭《ふっしょく》するためには、根本の原因を探っていくことが必要です。ふたつのタイプ別に、「そもそもなぜ運動嫌いになったのか」を改めて検証していきましょう。

もとから運動嫌いな人はいない

子どもの頃に運動が嫌いになるというのは、ほぼ100％教え方の問題です。小学生時代は、多くの場合ひとりの教師が全科目を指導します。体育の専門教員ではないので、跳び箱ではピッと笛を吹くだけ。できた子には、よくできましたと褒め、できない子には、頑張れと励ましの言葉をかけるだけでしょう。

褒められた子はいいけれど、頑張れと言われた子はどう頑張っていいか分からない。踏み込みが悪いのか跳ぶ方向が悪いのか、自分では改善点を見つけられないわけです。できない子はつまらなくなってきます。なぜできないかも分からずに運動を繰り返し、不成功体験を重ねていくわけですから、それは当然です。一方のできる子は成功体験を積んでもっと自信がつき、モチベーションが上がり、うまくなっていきます。この段階で格差が生まれてしまうのです。

現在、普及しつつある幼児体育では、その点を確実にカバーしています。跳び箱にはまずジャンプして乗ってみる。次に飛び降りてみる。一人一人のレベルに合わせてクラス分けをし、段階的に非常に丁寧な指導をしています。

運動能力というのは、保育園、幼稚園の頃はほんの少しの差でしかありません。お遊戯や遊具で遊ぶ分には、あの子はできる、この子はできないという差はほとんどないのです。もちろん、小学校に上がる前にたくさん外で遊んだり、お父さんとキャッチボールをしていたという子と、家の中で遊ぶことが多かった子では、運動能力の差が生じるでしょう。それを本来なら、小学校の段階でリセットすべきだと私は考えています。

また、楽しむことは二の次、という学校体育のプログラムにも問題があります。日本の小学校の体育は体操がベースになっているところがあって、スポーツの楽しみの要素が少ない。その証拠に、鉄棒、マット、縄跳びといったゲーム性のない種目が中心です。確かに、こういった運動は基本的な筋力やバランス能力、柔軟性などを高めることはできますが、残念ながらゲーム性の高いサッカーや野球のように、カラダを動かす楽しみを感じにくいというのが正直なところです。

教える内容と教え方、このふたつが運動嫌いの人を延々と作り続けているのです。

運動部も運動嫌いになる

かつて運動をやりすぎて飽和してしまい、大人になってからは運動から遠ざかっている、もうひとつの運動嫌い。こちらのタイプは学生時代にバリバリの体育会系の部活に所属していたはずです。

「4年は神様、3年天皇、2年が殿様、1年平民」

昭和時代の大学の運動部にはこんなフレーズがありました。上級生には絶対服従という想像以上のものすごい縦社会です。強い学校、強い部活ほど、この傾向は今も残っています。こうした縦社会では優れた選手がときに潰《つぶ》されてしまうことも珍しくありませんでした。

このような伝統的な体育会は言わば軍隊のミニチュア版。大きな問題のひとつは、軍隊同様に体力トレーニングが、罰ゲームになっているということです。ミスをするとグラウンド10周、腕立て伏せ100回を課す。合宿などではタイムが一番遅い人間に宿舎まで走って帰れと命じる。それはただ苦しいだけの罰ゲームであり、しごきです。力のある者がそうでない者に強《し》いるいじめ、とも言えます。

そもそもタイムが遅い人間に長距離走をさせれば、スタミナが落ちてかえってタイムが悪くなりますし、オーバートレーニング（過労）に陥ります。うさぎ跳びで倒れても起き上がる、倒れるまで走る。バレー漫画の1000本レシーブや野球漫画の1000本ノックも同じことです。苦しむことは美しいこと、正しいこととされていました。これは間違いなく体罰ですし、非常に軍隊的な文化です。

こうした体罰的なトレーニングが、「苦しみに耐える」という根性をつける面はあったのかもしれません。しかし、スポーツにおける精神力は根性とイコールではありません。集中力、闘争心、自信、勝利意欲など様々な要素から構成されるのが精神力であり、根性だけが突出していても精神力は高まりませんし、結果競技力も上がりません。

さらに、ただ、やらされた方は練習やフィジカルトレーニングに対して嫌悪感が生じてきます。その結果、運動に飽和してしまうのです。

80年代後半くらいにフィットネスブームがやってきて、それ以降は徐々に科学的なトレーニングが取り入れられるようになりました。指導者も若い世代になり、少しずつ改善されてきてはいますが、文化という根っこの部分はまだまだ根深いものがあります。

こうして飽和状態になってしまった人の、もうひとつ厄介なところは、やればできると思い込んでいるところです。一度自転車に乗れるようになったら10年まったく乗っていなくても自転車を操れるのと同じで、身につけた技術はなかなか衰えないものです。でも体力という出力の大きさは明らかに下がっています。自転車には乗れるものの以前ほど速く漕げない、ボールは投げられるけれど昔ほど遠くまで投げられない。昔に比べてできない自分にショックを受けて、また運動から遠ざかってしまうのです。

運動嫌いは克服できる

もともと運動嫌いの人にまず知っておいてほしいのは、あなたの能力が低かったわけではないということ。単に指導者の教え方が悪かっただけと考えてください。

さらに本書で推奨する運動、筋トレや有酸素運動は技術がほとんど必要ありません。筋トレや有酸素運動は腕を曲げ伸ばししたり、足を前後に振るなど同じ動作を反復する、とてもシンプルなものなのです。ですから、そのやり方や効果にほとんど差は生じません。適切なボリュームで運動を行えば、必ず結果がついてきます。1やれば必ず1戻ってきて、費用対効果ならぬ高い努力対効果が見込めます。小学校の体育のように、頑張っているのになぜかうまくいかないということはないのです。

運動と縁遠かった人が走り始めてみるみるタイムが上がる、筋トレを始めて1か月でそれまで上がらなかった重量がどんどん上がるようになる。子どもの頃に何度やっても跳び箱を跳べなかった人が、そうしたトレーニング効果というご褒美をもらうと衝撃を受けます。そして自信につながり、運動に対するモチベーションが上がります。フィットネスクラブの常連になる人の多くは、そんな人たちです。

カラダを動かせば、疲れはしますし筋肉痛も起こるでしょう。でもそのマイナス部分を補って余りあるほどに、自分のカラダが変わっていく喜びは大きいはずです。外見はスッキリして別人のように変身し、疲れにくいカラダが手に入ります。メタボ健診でひっかかっていた人も数値は確実によくなるはずです。努力しただけのご褒美は必ず返ってくるのです。

コツは頑張りすぎないこと

運動は辛《つら》くて苦しいものというイメージが強いのは、ギリギリ限界のところでカラダを動かそうとするからです。10できるところを10やろうとするのではなく、敢《あ》えて7か8でやる。力や強度をセーブすることで、実は高い効果が得られるのです。

初めて本格的に運動を行ってそれなりのご褒美をもらった人は、最初はこわごわ行っていたのに、慣れてくると心理的なリミッターが外れます。そして、もっと努力したらもっと効果が得られるのではと必要以上に頑張ってしまうことがあります。でも、それは勘違いです。私たちのカラダは8割がたの能力を出せば、効果が出るようになっています。10割のギリギリの能力で行うと、効果はそれほど変わらずに、今度はケガのリスクが高くなってきます。走ったときに脛《すね》が痛い、ベンチプレスをしたときに手首が痛い、肩が痛いということになりかねません。このような使い過ぎによるオーバーユースは回復に数週間、長い場合は数か月を要しますから、その間運動から遠ざかることになり、かえって体力を落とすことになってしまうのです。

そもそも私たち人間は苦しい、辛いことを避ける生き物です。痛い、辛いと感じる筋トレやランニングはモチベーションを喪失させるだけです。体力、体型はすぐに効果が出るものではなく運動を続けることで向上し、変化しますから、苦しいのを我慢して短期間行うよりも、多少ペースが遅くとも長期間行った方が圧倒的に大きな成果が得られるのです。もう少しやりたい、まだ頑張れるところで止めておくことでスポーツ障害のリスクを下げ、トレーニングへのモチベーションを維持するのが正解です。

運動はやればやるだけ効果が出ますが、やりすぎればマイナスになるということを知っておいてください。

運動に飽和してしまった人たちも、これは同様です。かつて、100回200回と行っていた筋トレでは筋力がつくわけではなく、むしろ低下し、オーバーユースにもなってしまいます。苦しくなる手前で効果が出るということを知ってください。よく腹八分目といいますが、トレーニングも同じで八分目にしておけば、まず間違いありません。しかめ面《つら》で全力を出して筋トレをしたり走る必要はないのです。

野球のノックなどは、間違えたら次に正しいことを行うという「トライ&エラー」という作業です。これを繰り返すことで、正しい動きが脳にインプットされて技術が身につきます。自転車も乗れるようになるまで何度も転んで技術を獲得するのと同じです。

しかし、フィジカルトレーニングは時間や回数が多ければいいというものではありません。目的に応じた適切な負荷やスピード、回数があるのです。やみくもに限界まで追い込んでしまっては元の木阿弥《もくあみ》。やがてケガをするか、心理的飽和に陥るかのどちらかです。

腕立てが100回できても意味がない

少し前のテレビ番組で、腕立て伏せを延々と行い、その回数を競うというものがありました。でもこれはナンセンス。そもそも、100回できるような腕立て伏せは筋トレになっていません。腕立て伏せでカラダを床に近づけたときには、最大で体重の約75％の負荷が腕にかかります。体重75kgの人であれば、56kg。この重量を持つということは、一般の男性にとってはかなり辛いことのはずです。それを100回行えるということは、その負荷をごまかして腕だけでなく他の筋肉に分散させているにすぎません。目的の筋肉に効かせていなければ、筋肥大は望めません。何十回とできる筋トレは、筋肉の持久力のトレーニングなのです。

トレーニングの回数や時間が多いほど頑張っていると評価されるのは、日本独特の文化です。80年代頃のプロ野球のキャンプでは、ウォーミングアップのランニングに2〜3時間をかけ、全部で8時間くらいの練習メニューを組んでいました。当時はそのキャンプ中に自国に帰ってしまう外国人選手が少なくなかったといいます。彼らの言い分は、「自分たちは野球をしにきたのであって、マラソンをしにきたのではない。いつになったらバットを握れるんだ？」

というものでした。それはもう、その通りでしょう。

今でこそ、科学的トレーニングが導入されて、練習の時間も短くなり、回数や時間にこだわるという考え方も改善されてきました。キャンプの途中で帰国してしまう外国人選手の話も耳にしません。

たとえば腕立て伏せをするならば、全身を使って実質的に胸にかかる負荷を減らして100回やるより、しっかり胸の筋肉を使うフォームで10回を3セット行った方が間違いなく目標の筋肉を刺激できます。100回行う時間があったら、短時間で一回一回の負荷を感じながら行う方が、ずっと賢いトレーニングなのです。

年齢によって運動効果は異なる？

筋トレの場合、年齢による運動効果の違いは多少あります。男性は中学生くらいで身長が急激に伸びる時期がやってきます。このとき、カラダの中では大量の成長ホルモンが分泌されています。骨を伸ばしたり筋肉の量を増やすなど、文字通り、カラダの成長を促すのが成長ホルモンの役割。この時期に筋トレを取り入れると、絶大な効果が得られます。

ここで、ひとつ面白い話があります。

小学生の年代の日本人とアメリカ人の体型にはほとんど差はありません。平均身長こそアメリカ人の方が数センチ高いものの、体型、カラダのシルエットはほとんど同じなのです。ところが、中学以降、その差は大きくなります。アメリカ人は中学、高校と進むにつれてどんどん筋肉隆々としてたくましくなっていくのです。

この理由は簡単。アメリカでは中学生になると筋トレを始める子たちが多いのです。彼らはアメフトやバスケットボールやホッケーといったスポーツをするので、その補助としてトレーニングを取り入れます。スポーツのためだけではなく筋トレだけを行っている子もいます。中学校にもトレーニングマシンが充実したジムがあります。中学校以前に筋トレを始める子も少なくありません。親が家にホームジムを作っていて、自然と筋トレを真似るようになるのです。もちろん、彼らは高校、大学と進むに連れてますます本格的に筋トレを行うようになります。

一方、日本人の中高生でそこまで本格的に筋トレに励んでいるという男子は、ほとんどいません。いまだに、筋トレをすると背が伸びなくなる、あるいはスピードや柔軟性が低下するという迷信が残っていて、筋トレを始めるのは高校生以降です。

そもそも、日本の幼児が行うジャングルジムや登り棒、鉄棒などは自体重を用いた上半身の筋力トレーニングです。自体重を使うのはいいが、マシンやダンベルを用いるのはダメという発想こそ大きな間違いです。

欧米では古代ギリシャの時代より筋肉が美しいとされ、筋トレにも紀元前にさかのぼる長い長い歴史があります。かたや日本で筋トレが一般的になったのはつい最近、バブル経済の頃です。筋トレが推奨され筋肉が美しい、カッコいいとされる欧米。かたや筋トレに対する誤解や偏見が根強く残る日本。

その結果、小学生では体型に変わりがなかったのに、高校生になる頃には大人と子どもくらいの体型の差が出てくるのです。

カラダの細胞は日々、死と再生を繰り返しています。成人になると死んでいく細胞と新しく生まれる細胞はトントンですが、成長期には新しく生まれる細胞が死んでいく細胞より多い状態が続きます。成長ホルモンの作用で、骨を作る細胞が骨を破壊する細胞の働きを上回って骨が長く丈夫になり、筋肉の細胞も盛んに合成されます。この時期に筋トレによる刺激を与えると、その負荷に適応しようとして筋肉はどんどん太くなるというわけです。

80歳でも筋肉は鍛えられる

では、大人になってからの筋トレの効果はどうなのでしょうか。

基本的に体力は20歳をピークに、歳《とし》を重ねるに従って下降の一途を辿《たど》っていきます。残酷なようですが、これが自然の摂理です。20歳をピークに緩やかに体力が落ちていき、やがて歩けなくなり、最後は立てなくなり、赤ちゃんの状態になって一生を終えます。

確かにこれは自然の摂理ですが、運動を取り入れることでいつまでも若々しさを保つことができます。今年、齢《よわい》80歳にしてエベレスト登頂の偉業をなしとげた冒険家の三浦雄一郎さんはそれを証明している人物のひとりでしょう。結論から言うと、運動の効果は何歳になっても望めます。ということは、あなたがもし、20代くらいの体力に戻したいという目的を持っているときは、いつ始めるかが問題になってきます。30歳で体力の衰えに気づいて運動を始めた人の方が、50歳で気づいた人より当然、20代の頃と現在とのギャップは小さい。つまりそれだけ、トレーニングの目的が達成されるまでの期間が短くなるわけです。

とはいえもちろん、50歳で運動を始めたとしても、それで遅すぎるということは決してありません。

文部科学省の「体力・運動能力調査」(2011年度)では、45〜49歳の男性で「週

3日以上」運動している人たちは、10歳年下の35〜39歳で「週1〜2日程度」の運動をしている人たちと同等の体力があることが分かりました。同様に、50〜54歳の男性で「週3日以上」の運動をしている人は、35〜39歳の「週1日未満」の運動群と同じレベルの体力だったといいます。40歳以上で運動習慣のある人たちのカラダは、年齢以上に若いことが分かったのです。

これは当然のことです。運動を続けていけば、5歳、10歳、15歳とカラダは若返っていきます。30代なら1年で5歳程度カラダは若返ります。1〜2年で20代のカラダになれるのです。40代なら4〜5年続ければ20代になれるでしょう。50代ならば10年程度です。歳をとって運動を始めた人ほど、結果が出るまでに時間はかかるかもしれませんが、確実に若返ることはできるのです。

体力だけでなく、見た目の若さも手に入ります。筋肉のボリュームが出てきて脂肪の少ない引き締まったシルエットになります。筋トレで全身の筋肉をバランスよく鍛えれば姿勢が修正され、大きな歩幅で背すじを伸ばして歩けるようになりますから、若々しい印象を与えるようになります。

筋トレで成長ホルモンの分泌量が増えれば、肌のツヤもよくなります。また、運動をしっかり行っている人は、ほとんどが規則正しい生活をしています。トレーニングの時間から逆算して食事や睡眠の時間をとっているからです。その結果、生活リズムが整い、質のいい睡眠がとれることも肌の調子が良くなる一因です。また質の良い睡眠は疲労回復の最大の方法でもありますから、日中の仕事や日常生活での言動を活発にし、表情も明るくなります。まさに生き生きとした若さを取り戻すことができると言えるでしょう。

やせたければ絶対に筋トレ

多くの人は、運動でカラダを動かすことで直接的にエネルギーを消費するイメージをもっているでしょう。確かに野球やサッカーなどのスポーツは、たくさんの筋肉を使って全身を使う運動ですからエネルギー消費量は大きい。運動スピードに比例して消費量も上がっていきます。ジョギングなどの有酸素運動でも動いている間にエネルギーが消費されます。

一方、筋トレは部位別に筋肉を動かす運動です。さらに、回数を限定しなければ効果がありませんから、実はエネルギー消費はほとんど見込めません。1種目を10回×3セット行ってもたった3kcal程度の消費量です。10種目行っても30kcalで、飴玉2粒程度にしかなりません。これに対してサッカーを1試合行えば700〜800kcal、軽いジョギングを1時間行っても400〜500kcalを消費しますから、その差は歴然です。

ではなぜ、筋トレをしなくてはならないかといえば、ひとえに基礎代謝を上げるため、あるいは維持するためです。基礎代謝は呼吸や体温調整、心臓の拍動などで消費されるエネルギーのこと。1日のエネルギー消費量のうち、およそ6割は基礎代謝が占めています。ところが基礎代謝は毎年、歳をとるごとに減っていきます。その一番大きな要因は、加齢とともに筋肉が減っていくことです。これを医学の専門用語で「サルコペニア」といいます。ホルモンの減少で筋肉の合成能力が落ちること、歳をとるほどカラダを動かさない環境で過ごすことなどが原因と考えられています。

筋肉が減って基礎代謝が落ちるということは、それだけ1日に必要なエネルギー量が少なくなるということ。つまり燃費のいいカラダになるということです。車は燃費がいい方が有り難いですが、人間にとってはもちろんいいことではありません。

筋肉が減ってしまうと、燃費のいい、エネルギーを使わないカラダになって体脂肪が増えるだけではありません。健康面でも数々のデメリットが生じます。まず、体力が落ちてカラダが弱々しくなります。低くなった燃費に合わせて食事を減らしていくのは至難の業《わざ》ですから、メタボのリスクも高まります。いずれ歩くことが困難になったり、寝たきりになる可能性もあります。熱を生み出す筋肉が減れば体温が下がり、その結果免疫力が低下して感染症にかかるリスクが上がります。だからこそ、歳をとればとるほど筋トレを続けることが絶対的に必要になってくるのです。

ダイエット中は、特に筋トレが必要です。空腹を感じているときは、不足分のエネルギーを補うために、脂肪と同時に筋肉が分解されて減っていきます。そこで食事をすると脂肪は増えますが、筋肉は落ちたままです。その後また空腹になると脂肪と筋肉が減ります。このようにして脂肪の量は上下動を繰り返しますが、筋肉は減っていく一方です。だから、食事制限を極端にするほど筋肉の減少が促されてしまうのです。

筋肉が落ちるスピードはみなさんが思っているよりずっと速いのです。基礎代謝を維持してこそ、正しい減量が成功するということを知っておいてください。

動かない方が実は疲れる

運動すると疲れる。確かにそうですが、逆もまた真なり、です。動かないことでカラダが疲れるという現象があるのです。

私が講師を務めている体育系の専門学校で、以前にこんな実験をしたことがあります。生徒たちを、固定式のバイクを30分間漕いだグループと30分間ただ立っていたグループに分け、30分後に疲労度のアンケートをとりました。すると、自転車を漕いだグループは「気分が爽快」「脚が軽い」といったプラスの答えが多かったのに対し、ただ立っていたグループは「疲れた」「足がだるい」と答えた生徒が明らかに多かったのです。

カラダを動かしてエネルギーを消費することによって筋肉中のエネルギー源であるブドウ糖が減って血糖値が下がり、またエネルギーをつくる過程で生まれた疲労物質が産生されカラダの力が出なくなり、筋肉がだるくなる。これが運動による疲れです。一方で、同じ姿勢をキープすることで血液の循環が滞り、筋肉に疲労物質がたまってだるさが生じる。これがただ立っていた生徒たちが感じた疲れです。前者を動的疲労、後者を静的疲労といいます。

後者の静的疲労は現代人特有の疲れということができるでしょう。じっとしていることで血液循環が滞り、血管からしみ出した体液が細胞に入り込んで、脚がパンパンにむくむ。血液中の疲労物質がどんどん蓄積していって、肩や腰、首の張りや凝りが生じる。立ち仕事やデスクワークで感じるこれらの疲れは、すべて静的疲労です。

疲れたと感じたとき、人はカラダを休めようとしますが、静的疲労はほどよく軽い運動をした方が解消できます。動くことで体液や血液を循環させれば、酸素や栄養素の運搬がスムースになるからです。疲労物質が除去されれば、凝りや張りの改善にもつながります。これを「積極的休養」といいます。

激しい運動ではなく、5分でも3分でもいい、歩いたりストレッチをすることで、だるさや疲れはかなりとれます。わざわざ運動しようと意気込まなくても、飲み物を買うときは、オフィスの自販機ではなく近所のコンビニに買いに行く。ランチはできるだけ遠くのお店に食べに行く。こうしたことを心がけるだけで静的疲労は解消されるはずです。

仕事で疲れたときは、気分的にジムに行きたくなくなります。パーソナル指導でクライアントの方から、キャンセルしたいという電話をもらうこともあります。私はそんなとき、

「今日はウォーミングアップだけにしますから、とりあえず来てください」

と伝えます。ウォーミングアップでランニングマシンを使って走っているうちに、

「アレ？　カラダが楽だな」

とクライアントの方。

「じゃあベンチプレスを1セットだけやりますか」

と促していくと、また、

「アレ？　もっとできるな」

となります。

エネルギーを使いきって筋肉が疲れているわけではない静的疲労ですから、カラダは動きます。ある程度重いものを持ち上げることもできるのです。デスクワークで疲れたときは、そのまま休もうとせずに、まず動いてみること。これが重要なのです。

第3章 短い時間で効率的にやせる

自分の理想体重を知る

仕事でもスポーツでも、目標を定め、目標に向かって行動を起こす前に、まず現状把握をすることから始めます。体型を客観的に判定する指標としてはＢＭＩという体格指数が広く用いられています。これは健康上、少なくとも標準体重を維持することを目指すための物差しのようなもの。その求め方は以下の通りです。

ＢＭＩ＝体重(kg)　÷身長(m)　÷身長(m)

ＢＭＩと肥満の判定
ＢＭＩ25以上30未満　肥満１度
ＢＭＩ30以上35未満　肥満２度
ＢＭＩ35以上40未満　肥満３度
ＢＭＩ40以上　肥満４度

ＢＭＩ18・５以上25未満　普通体重
ＢＭＩ18・５未満　低体重

生活習慣病などの病気に最もかかりにくいのは、ＢＭＩ22とされています。ということは、この数値から逆算すれば標準体重が割り出せます。

標準体重＝22×身長(ｍ)×身長(ｍ)

身長が１７０㎝の場合、22×１・７×１・７＝63・６kgが標準体重になります。ひとまず、この数字を目指すというのは、減量を考えている人にとってのひとつの目安となると思います。ただし、本当は体重ではなく体脂肪率が重要であることは、この本の冒頭で述べました。同じ63・６kgでも、体脂肪率が10％の人もいれば20％という人もいます。男性で見た目には太っていないけれど、体脂肪率が20％以上で服を脱ぐとお腹がぽっこり出ている人もいるのです。

適正な体脂肪率は男性では15％程度、女性なら20％前後です。健康上から考えて少なくとも標準体重をクリアし、理想を求めるなら体脂肪率を計って適正値を目指すというのが妥当でしょう。

時間のない人がやせる方法

体重が増える仕組みを知らなければ、減る仕組みが分かりません。繰り返しますが、体重は「入ってくるエネルギーと使うエネルギーの差し引き」で決まります。

水を飲んだり汗をかいたりすることで一時的に変動することもありますが、基本的にはたくさん食べればエネルギーは脂肪として蓄積されますし、食べなければ脂肪は分解されエネルギーとして消費されます。また、入ってくる分以上のエネルギーをカラダを動かして使えばやせますし、動かずに入った分のエネルギーを使えなければ太ります。

使う量が減ったか、摂《と》る量が増えたか、あるいはその両方か。太る理由はこれに尽きます。使う量が減る、というのは多くの現代人に見られる現象です。

学生時代は体育の授業があり、冬はスノボ、夏は海と遊びに行く機会も多かったでしょう。カラオケに行っても、今よりずっとはしゃいでいたはずです。ところが一転、社会人になるとエネルギーを使う量は多かれ少なかれ、確実に減ります。日本では社会人に礼儀作法を過剰に求める傾向があるので、なおさらです。

会社はもちろん、公共の場で、大人が大きい声を出したりオーバーアクションをしていたのでは白い目で見られてしまいます。運動もせずはしゃぎもせずで、多少の差はありますが基本的に社会人になるとエネルギー消費量が激減します。

使うエネルギー量を増やす手段のひとつが、有酸素運動です。1時間の早歩きで消費されるエネルギーはおよそ２００kcalに相当します。運動が好きという人は、これを毎日続けてエネルギー消費量を上げるという手もあります。

ただし、運動嫌いを自負するほとんどの人にとって、これはキツいかもしれません。入るエネルギーの量を減らす方がより現実的でしょう。２００kcal分をマイナスするというのは食事量を2割減らす感覚です。ほんの少し残せばいいだけなので、空腹感に苛《さいな》まれるレベルではありません。これを3食ごとに行えば、1日で６００kcalのマイナスになります。この食事制限と同時に筋トレを行えば、必要な筋肉量を減らすことなく減量を実践できます。

有酸素運動で消費エネルギーを上乗せするか、「食事制限＋筋トレ」で入るエネルギーを減らすか。どちらにしろ努力すれば結果は必ずついてきます。あとは自分自身の好みに従って減量戦略に取り組んでいくだけです。

筋トレの基本は全身を鍛える

食事制限とともに行う筋トレでは、まず全身を鍛えることが重要です。筋肉は特定の部位だけが減っていくわけではなく、全体的に削られていくからです。食事制限＋筋トレではそれを相殺するために全身をくまなく鍛えることがセオリーです。こういうとかなりたくさんの種目を行う印象があるかもしれませんが、体を前後、左右、上下くまなく鍛えるためには、後に紹介する6種目で可能です。

その際、下半身、上半身、体幹という順番でトレーニングを行うことも大事なポイント。下半身の筋肉はカラダの中で最もボリュームが大きく、トレーニング中にたくさんのエネルギーを要します。つまり、カラダの中にエネルギーがたっぷり充たされた状態でトレーニングする方が効率がいいのです。

また、最後にお腹や腰といった体幹を鍛える理由は、これらの筋肉が姿勢を維持する役割を果たすからです。どんなトレーニングをするときも体幹部の筋肉は常に働いていて、正しいカラダのポジションを維持しています。この部位を先に鍛えて疲れさせてしまうと、姿勢が崩れて狙った筋肉に適正な負荷がかからなくなってしまいます。

エネルギーがたくさん必要な下半身を最初に刺激し、最後に姿勢を保つ体幹を鍛え、その間に上半身を挟み込む。この順番で行うことが全身を鍛える筋トレには最適というわけなのです。

回数やセット数にも意味がある

筋トレの最もスタンダードな回数とセット数は「10回×3セット」です。12回くらいできる負荷で10回行うことがポイントです。持久力を上げることが目的の場合は数十回行う方法もありますが、ここでは減っていく筋肉量を、筋肉を増やす努力によって相殺することが目的なので、10回で十分です。逆に15回、20回も続けられるようでは負荷が弱すぎるため、筋肉を増やす刺激を得ることができません。10回を丁寧に、8割がたの力で行えるくらいの負荷で行うことで、効率よく結果に結びつけることができます。

よく10回できるギリギリの負荷で10回行う、と言われますが、これほど辛い方法で行うといずれ筋肉や関節に障害が出る可能性が高まるだけでなく、心理的なモチベーションを下げてしまうことにもなります。12回できるところを10回で留《とど》める、もう少しできる、というところに抑えても十分に効果は出ますしリスクは大きく低減します。これが賢い筋トレのやり方です。

10回を3セット繰り返すことにも、理由があります。実は私たちが100%の力を出し切っているつもりでも、筋肉は本来もっている力の3〜4割程度しか発揮していません。無防備に力を出しすぎると、物を壊してしまうかもしれませんし、相手を傷つけてしまうかもしれません。筋肉自体が過剰に傷ついたり、骨と筋肉をつなぐ腱《けん》が損傷することもあります。これを防ぐため、カラダにはこのような安全装置が備わっていると考えられます。

筋肉は細い線維状のものが束になった構造をしていますが、これらの一本一本が3〜

4割くらいに力を調節しているわけではありません。力を発揮する筋肉と休んでいる筋肉の2種類にはっきりと分かれ、全体の3〜4割の筋肉だけが実際に収縮して力を出しているのです。1セット行うだけでは、残りの6〜7割の筋肉は収縮しません。3セット続けて行うことで、休んでいる筋肉を起こし、まんべんなく鍛えることが狙いというわけです。

3セットは続けて行いますが、種目と種目の間は、30秒から1分の休憩を入れましょう。強い疲れを感じたら2〜3分休んでも構いません。それ以上休まなければキツいという場合は、負荷が強すぎるということ。回数を少し減らして行ってください。

家で手軽にできる筋トレ

ジムのマシンを使って行うのがマシントレ、自分の体重を利用して行うのが自体重トレです。ここで紹介するトレーニングは、もちろん後者。そのメリットは重いものを持ち上げる動作ではないため、比較的ケガをしにくいということ。また、わざわざ着替える手間もなく、どこでもできる手軽さもメリットのひとつです。また、マシントレはマシンを正しく扱うという難しさがありますが、自体重トレは自分自身のカラダをコントロールするだけなので、比較的簡単に行えます。

ただし、このときに注意したいのは、日常でのカラダの使い方を抑えなければいけないということ。普段の生活で、私たちは必要最小限の力を使った効率のいい動きをしています。荷物を持ち上げるときには腕だけでなく、全身を使ってよっこいしょと持ち上げます。反動を利用することが多いでしょう。

筋トレではこうした動きは御法度です。他の筋肉を使ってしまうことで、刺激を入れたい筋肉への効果が薄まってしまうからです。狙った筋肉だけに負荷を与えてこそ、筋肉は大きく強くなっていくことを頭に入れておいてください。

1日3分からでも効果がある

筋トレはまず実際にやってみて段階的にステップアップしていくことが重要です。10回×3セットが基本ですが、最初は1セットからでも構いません。

76〜87ページで紹介する6種目のトレーニングを10回ずつ、とりあえず試してみてください。1種目にかかる時間を30秒として、6種目すべて行ってもトータルで3分です。

1日24時間のうちのたった3分間、試してみても損はしないはずです。

スクワット

効果のある部位 太もも（大腿四頭筋）、お尻（大殿筋）

目標回数とセット 6〜10回を3セット行う。インターバルは30秒〜1分

1
息を吸う
2秒

トレーニングの解説

1	**準備動作**●足を肩幅に開いて立ち、つま先をやや外側に向ける。
1➡2	**往路**●息を吸いながら2秒かけて、背すじを伸ばしたまま前傾しつつ、椅子に座るようなつもりでお尻を突き出し、腿が床と水平になるまで体を沈める。
2➡1	**復路**●息を吐きながら1秒かけて、元の姿勢に戻る。

point ●膝に負担をかけず、腿の筋肉をしっかり使うために、膝はつま先と同じ方向に向けたまま曲げる。

スクワット Squat

負荷調整のポイント

増 足を前後に大股一歩分開いて立ち、前側の足に体重をかけながら体を沈める。

減 膝が90度程度曲がる位置まで体を沈める。

息を吐く
1秒
2

◎太もものストレッチ

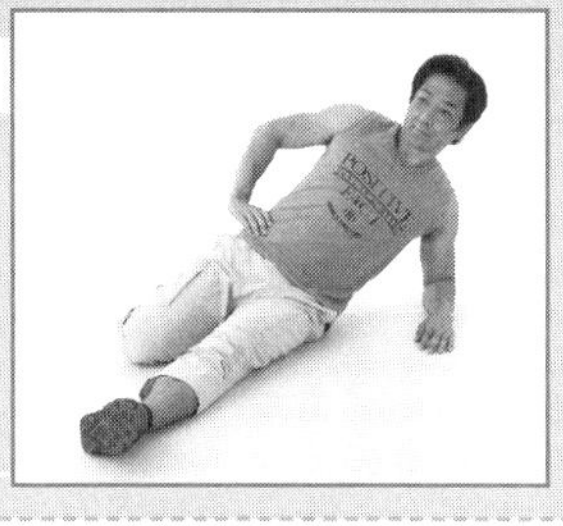

床に座り一方の脚を前に伸ばし、反対の膝を曲げ、伸ばした脚と同じ側の前腕を斜め後方につける。息を吐きながら上体を後傾させ、ももの前が気持ち良く伸びている感覚を得る位置で8～10秒（ゆったりとひと呼吸分）静止する。これを2、3回繰り返す。

下半身筋トレ②

ヒールレイズ

効果のある部位 ふくらはぎ（下腿三頭筋）

目標回数とセット 6〜10回を3セット行う。インターバルは30秒〜1分

トレーニングの解説

1	**準備動作**●安定した椅子を壁で固定する。肘を伸ばして背もたれに手を置き、片足立ちとなって膝と足首を伸ばし、もう一方の足をふくらはぎに絡める。
1➡2	**往路**●息を吐きながら1秒かけて、踵をできるだけ高く上げてつま先立ちとなる。
2➡1	**復路**●息を吸いながら2秒かけて、元の姿勢に戻る。

point ●床に置いた足のつま先を外側に向けてしまうとふくらはぎに効かないので正面に向ける。また動作中、膝は曲げない。

ヒールレイズ Heel Raises

負荷調整のポイント

増　壁に手をついてまっすぐに立ち、つま先を硬く大きな本など、台の上に乗せた状態で行う。

減　両足を床に置いて、左右の足首を同時に曲げ伸ばしする。

2
息を吸う
2秒

◎ふくらはぎのストレッチ

一方の膝を床につけ、もう一方の膝を立ててしゃがむ。両手は立てている膝の上に置く。息を吐きながら、体重を前方に移して足首を伸ばし、ふくらはぎが気持ち良く伸びている感覚を得る位置で8〜10秒（ゆったりとひと呼吸分）静止する。これを2、3回繰り返す。

上半身筋トレ①

プッシュアップ

効果のある部位 胸（大胸筋）、腕（上腕三頭筋）

目標回数とセット 6〜10回を3セット行う。インターバルは30秒〜1分

1

息を吸う
2秒

トレーニングの解説

1 **準備動作**●手を肩幅の1.5倍程度大きく開いて床に置き、膝をつく。膝から頭までは真っ直ぐに。

1➡2 **往路**●息を吸いながら2秒かけて、胸を張ったまま肘が直角に曲がるまで体を沈める。

2➡1 **復路**●息を吐きながら1秒かけて、元の姿勢に戻る。

point ●手首に負担をかけないように指先を広げて手を斜め外側に向ける。

プッシュアップ Push Up

負荷調整のポイント

増 膝を伸ばし、つま先を床に着けて行う。

減 膝を手の方に近づけ、股関節を曲げた姿勢で行う。

◎胸のストレッチ

足を肩幅に広げ、腰の後ろで両手を組む。息を吐きながら、肩甲骨を寄せて胸を張りながら腕を伸ばし、胸の筋肉が気持ち良く伸びている感覚を得る位置で8〜10秒（ゆったりとひと呼吸分）静止する。これを2、3回繰り返す。

上半身筋トレ②

ベントオーバー

効果のある部位 背中（広背筋）

目標回数とセット 6～10回を3セット行う。インターバルは30秒～1分

1
息を吸う
2秒

トレーニングの解説

1	**準備動作**●安定した椅子を壁につけて固定し、座面手前をしっかり持って両腕を床と垂直にし、頭から足までが一直線になるように両足を置く。
1➡2	**往路**●息を吸いながら2秒かけて、手に体重を乗せたまま、股関節が90°曲がる程度まで、肩入れの要領でお尻を後方に引く。
2➡1	**復路**●息を吐きながら1秒かけて、元の姿勢に戻る。

point ●肘を外側に開くと肩関節に負担がかかってしまうので、動作中は終始、脇を締めたまま行う。

ベントオーバー Bent Over

負荷調整のポイント

増 手を床についた体勢で行う。

減 足の位置を椅子に近づけて行う。

2
息を吐く
1秒

◎背中のストレッチ

足を肩幅に開いて片腕を上げて肘を軽く曲げ、反対の手で手首を持つ。息を吐きながら、手首を引きながら伸ばした腕の体側を伸ばし、背中の筋肉が気持ち良く伸びている感覚を得る位置で8〜10秒（ゆったりとひと呼吸分）静止する。これを2、3回繰り返す。

クランチ

効果のある部位 お腹（腹直筋）

目標回数とセット 6〜10回を3セット行う。インターバルは30秒〜1分

トレーニングの解説

1	**準備動作**●床に仰向けになって椅子の上にふくらはぎを乗せ、股関節と膝を直角に曲げる。両手を側頭部に置いて指先で後頭部を持ち、脇を締める。
1➡2	**往路**●息を吐きながら1秒かけて、ふくらはぎが椅子から浮く手前のところまで背中を丸める。
2➡1	**復路**●息を吸いながら2秒かけて、元の姿勢に戻る。

point ●頸とお尻を床から浮かして勢いをつけるとお腹に効かず、腰も痛めやすい。おヘソから下は動かさない。

クランチ Crunch

負荷調整のポイント

増 両腕を頭上に伸ばした状態で行う。

減 手を胸に組んだ状態で行う。

息を吸う 2秒 2

◎お腹のストレッチ

うつ伏せに寝て、肘を曲げて脇を締め、前腕部を床に置く。この時、手は額の横にくる。息を吐きながら肘を伸ばして上体を起こし、お腹が気持ち良く伸びている感覚を得る位置で8〜10秒（ゆったりとひと呼吸分）静止する。これを2、3回繰り返す。

体幹筋トレ②

ロウアーバック

効果のある部位 腰（脊柱起立筋）

目標回数とセット 6〜10回を3セット行う。インターバルは30秒〜1分

1 息を吸う 2秒

トレーニングの解説

1	**準備動作**●しっかりした椅子を壁にあてて固定し、座面の端に座る。膝を軽く曲げて足を前に出し、両腕を伸ばしたら、上体を床に対して60°程度前傾させる。
1➡2	**往路**●息を吸いながら2秒かけて、おヘソを軸に背中を丸める。腕は動かさない。
2➡1	**復路**●息を吐きながら1秒かけて、元の姿勢に戻る。

point ●お尻を突き出すように上体を倒すと腰に効かない。動作中はおへそから下は動かさないこと。

ロウアーバック Lower Back

負荷調整のポイント

増 両手に500mℓ～1ℓのペットボトルを持って行う。

減 両手を頭の後ろに組んで行う。

息を吐く
1秒 **2**

◎腰のストレッチ

床に座って、膝を軽く曲げて脚を前に出し、手を足に置いて骨盤を後傾させる。息を吐きながら手で足を持って引きつけながら背中を軽く丸め、腰が気持ち良く伸びている感覚を得る位置で8～10秒（ゆったりとひと呼吸分）静止する。これを2､3回繰り返す。

間違ったランニングはケガのもと

これからランニングを始めようとする人は、何を重視すべきかを最初に知っておくことが大切です。ランニングは「速さ×時間」で距離を導き出すことができます。時速7㎞で30分走れば、7×0・5＝3・5㎞です。

ランニングのエネルギー消費量は距離に比例して増えていきます。時速7㎞で1時間走れば、30分走るのに比べて単純にエネルギー消費量は倍になります。もしくはスピードを上げて時速14㎞で30分走っても同じく倍です。ですから、速さを重視するのか時間を重視するのかが、ランニングのポイントになってきます。

速さを重視する場合は、心臓や肺などの循環機能の強さが必要です。また、スピードが上がるほど着地の際の衝撃が大きくなるので、膝《ひざ》などの関節に負担もかかります。したがって運動経験の有無による影響が大きいのです。これに対して時間を重視する場合、こちらは運動経験に左右されません。ゆっくり走る、早歩き程度の速度で走る。これもまた立派な有酸素運動です。普段あまり歩いていない人でも、1～2時間くらいはたいして苦もなく歩けるはずです。

私たちヒトは、とても持久力に長《た》けた動物です。時速120kmのスピードで走るチータは、一度走ったら1時間くらいはぐったりして動けなくなってしまいます。人間はどう頑張っても時速50km程度のスピードしか出せませんが、歩くのならば8〜10時間くらいは続けることができます。時速4kmで歩いたらほとんどの人は10時間程度でフルマラソンを完歩できるでしょう。

ですから、まず重視すべきは時間です。スピードにこだわると走っているときに苦しくなりますし、関節や骨にもストレスがかかります。それでも無理に続けていると、1週間、10日と経《た》つうちに、膝が痛い、脛《すね》が痛いということになってきます。もっとひどくなると、太ももの外側の靭帯《じんたい》が炎症を起こす腸脛靭帯炎《ちょうけいじんたいえん》、脛の骨膜が痛むシンスプリントといったスポーツ障害の症状が出てきます。こうした症状を訴える市民ランナーの方は、今非常に増えています。

筋肉の疲労や炎症ならば数日から1週間程度安静にすると回復しますが、骨や関節を痛めるスポーツ障害に至ると休養してもマッサージをしてもなかなか回復しません。一度そうなると回復するまでにとても時間がかかります。ですから、スポーツ障害が起こる手前のレベルで走ることがとても重要です。最初は時間を増やして距離を延ばし、慣れてきたら少しずつスピードを上げていけばいいのです。

ランニングマシンの脂肪燃焼ゾーンとは?

フィットネスクラブのランニングマシンのモニターに、「脂肪燃焼ゾーン」という表示があります。よく誤解をされている人がいますが、これは「その強度で走らなければ脂肪が燃焼されない」という意味ではありません。そうではなくて、長く走り続けられるランニング強度を指しています。

同じ10㎞の距離を1時間かけて同じスピードで走り続ける場合と、100m走を100本走るのとでは、消費されるエネルギーの量は同じですが、少しだけ違いがあります。前者は運動中、主に脂肪をエネルギーとして利用し、後者は運動中に主に糖質を使っています。では、100m走の方は脂肪が燃焼しない、結果、体脂肪が減らないかといえば、そんなことはないのです。確かに運動している間の脂肪消費は見込めません。ただし、運動中に大量に糖質をエネルギーとして使うので、運動後はカラダの中にプールされている糖質が空っぽになります。

私たちのカラダの中には、血液中の糖質以外に、筋肉や肝臓にグリコーゲンという形で蓄えられている糖質があります。筋肉中のグリコーゲンはいざというときのエネルギーとして利用され、肝臓のグリコーゲンは血糖値の調節用にプールされています。

糖質を使う激しい運動で、これらのグリコーゲンが使い果たされてしまったとしましょう。すると、その後の食事で補給したエネルギーは、ただちにグリコーゲンとして筋肉や肝臓に回されます。カラダに必要なエネルギーの取り込みができないので、その食事はまるまる食べなかったことと同然になります。というわけで、その後、足りない分のエネルギーを脂肪を分解することで得るのです。続けて走っても、全速力で細切れに走っても、どちらにしろ、脂肪は減るというわけです。実際、長距離選手も短距離選手も体脂肪率はほぼ同じ、男性は5％程度、女性は10％程度です。

100m走のように糖質を主に使う激しい運動では、エネルギーを作る過程で乳酸という物質が生じます。この乳酸が体内に溜まった状態になると、カラダは苦しさ、シンドさ、つまり疲労感を感じます。「脂肪燃焼ゾーン」は、苦しさやシンドさを感じずに走れるレベルの運動強度という意味です。苦しくなければ長く走り続けることができます。その結果、エネルギーをたくさん使うので脂肪が減る、というひとつの目安なのです。今日は時間がないから短時間しか走れない、という場合は脂肪燃焼ゾーンを超えた高い強度で行えばいいのです。

ウォーキングはランニングの「白帯」

最後に走ったのはいつだったか思い出せない。運動嫌いの人の中には、そんな人もいるでしょう。もし、あなたがそんなタイプなら、有酸素運動での減量を選択する場合、まずはウォーキングから始めてください。ウォーキングはランニングの初級編、いってみればランニングの「白帯」です。

歩いていてケガをする人はほとんどいないでしょう。ウォーキングは片足を必ず地面に着地させて移動するローインパクトの運動です。着地時の衝撃は瞬間最大で体重のおよそ1・2倍。体重70kgであれば84kgの負荷がかかります。この程度であれば膝や脛を痛めることはありません。

これに対してランニングは瞬間的に両足が地面から離れます。一度宙に浮くために着地時の衝撃は格段に大きくなり、体重の3～4倍にもなります。70kgの人なら一歩につき最大280kgの負荷が瞬間的にカラダにかかってきます。これだけの衝撃を受け続けるわけですから、走り方によっては金属疲労のように、足や脛の骨に亀裂が入ったり、関節がすり減ってくるといったスポーツ障害が起きるのです。

普通に歩いているときの速度は、時速4㎞くらいです。最初はこのくらいのスピードで構いません。都市生活者は、日常生活で大体20分くらいは連続して歩いています。その倍の時間を歩くことをまずは目標にしましょう。1日40分のウォーキングです。慣れてきたら、45分、50分というように5分刻みで徐々に時間を増やしていきます。1時間程度楽に歩けるようになったら、そこで初めてスピードを上げます。肘《ひじ》を曲げて腕を振って、歩幅を大きくとる。それだけで歩くスピードは上がります。

ランとウォークを混ぜればケガしにくい

早歩きはある程度のスピードで限界がやってきます。時速7㎞くらいになると、脚の回転がスピードに追いつかなくなってくるのです。長い棒を振り回す方が短い棒を振り回したときより、大きな力を必要とします。同じ理屈で脚を長く伸ばしたままのウォーキングでは、脚の回転がうまくいかなくなります。そこで無意識に膝を曲げて脚を短く畳む。するとどういうことが起きるかというと、脚が浮いてランニングが始まるのです。歩くスピードを上げていって、ここまできたらランニングにスイッチしましょう。

ただし、最初はいきなり走り続けるのではなく、ランニングとウォーキングをミックスさせることがポイントです。30分間だとしたら10分歩いて、10分走って、また10分歩く、というようにです。ランニングはウォーキングに比べて、カラダの使い方が少し複雑になる上、ケガのリスクが高くなります。ウォーミングアップとクーリングダウンを兼ねて、前後にウォーキングを取り入れてください。

また、強度の高い運動をピタッと突然止めてしまうと、静脈から心臓に戻ってくる血液が滞ってしまうことがあります。血栓ができやすくなったり心臓が虚血状態になるというリスクもあるので、そういう意味でも、必ず最後にウォーキングを行うことが必要です。

慣れてきたら、走る時間を徐々に延ばしていきましょう。最終的に5分歩いて50分走って5分歩くというところまでいければ、もうランナーの仲間入りです。

人に褒められる前に、自分を褒める

週に3回の筋トレを2週間、計6回行ったとします。この段階で最初に実感できるのは、「自覚的効果」です。最初は慣れないフォームでのトレーニングを辛く感じていたのが、同じ動きをするのでも、楽に感じられるようになってきます。その理由のひとつは、神経系の適応です。

私たちが意識的にカラダを動かすときは、必ず脳からの指令を受けています。その指令は脊髄《せきずい》を通り、末梢《まつしょう》にある運動神経から発せられる電子信号で筋肉を構成する細い束、筋線維に伝わります。

1本の運動神経は1本の筋線維とつながっているのではなく、神経は枝分かれして数十〜数百本の筋線維につながっています。専門的な言葉になりますが、この運動神経とこれに支配される筋線維の束を運動単位といいます。

ひとつの筋肉には複数の運動単位が存在します。ひとつの筋肉がひとつの学校であれば、ひとつの運動単位はクラス、運動神経は担任、筋線維は生徒にたとえることができます。

運動に不慣れな段階では、この運動神経と筋肉の連係がうまくいきません。運動に慣れないと運動神経から発せられる電気信号が弱く、また指令を出す運動単位も少ないため、結果、収縮する筋線維数が少ないので大きな力が出ません。

ところが運動を繰り返すうち、運動神経がより強い電気信号を発するようになり、また参加する運動単位も増えるので、大きな力を発揮できるようになります。学校でより多くの担任がやる気になってより大きな号令をかければ、生徒がしっかり動くようになる、といった感じです。その結果、腕立て伏せなどの筋トレが楽にできるようになってくるわけです。

心理的な抑制が外れることも、カラダが楽になる理由のひとつです。おそるおそる動かしていたカラダを、大きくダイナミックに動かせるようになります。また運動に必要のない筋肉まで緊張してしまうのも初心者の特徴ですが、これも運動に慣れるとなくなってきます。すると、より大きな力が出せるようになるので同じ運動をしても楽に感じるのです。

4週間後になると、そろそろ自分で体型の変化を感じる頃です。ベルトがちょっと緩くなった、ワイシャツのボタンをはめるときに首もとがきつくなくなった、胸の筋肉が張ってきた、などなどです。また、体型だけではなく、駅の階段を上るときに脚が軽いといったカラダの機能面での変化も感じられるようになります。

そして8週間後。近しい人たちから変化を指摘されます。体重変化としては1〜2kg減ったくらいでしょう。それでも周囲の人たちは、数字が出る前に感覚的にカラダの変化を感じ取ります。よく見ると、何か印象が少し変わった気がする。髪を切った？　髪型を変えた？　何だか前より若々しく見えるけど。そんな言葉をかけられるのが、この頃です。

トレーニングを始めて16週間すると、明らかにやせたこと、体脂肪が減って体が引き締まったことが誰の目から見ても分かります。体重にして5〜6kgは減っているでしょう。ここまでくれば、こっちのものです。

他人からやせたと言われることは、最も大きなご褒美のひとつです。ただし、そこに至るまでは自覚的変化がメインです。人から褒められる前の段階では、自分で自分の変化に敏感に気がついてあげることが、続けるコツです。階段上りが楽になった、ズボンのウエストがちょっと緩くなった。なんでもいいのです。

ここまで頑張って歩いてきたんだ、ということを確認することは、やればできるという自己効力感を高め、モチベーションを上げるので、ダイエットを成功させるための大事な作業です。

体型別おすすめの運動

どんな体型であれ筋トレはマスト。かくれ肥満、ぽっちゃり体型の人は体重を変えずに中身を変えればいいので、筋トレだけでOKです。大肥満と中肥満、固太り体型の人は、食事制限を取り入れましょう。

早く結果を出したいときは、プラスαで有酸素運動を取り入れます。ただし、体重が重い人、大肥満、中肥満体型の人は、ランニングなど関節への衝撃が大きい運動は避け

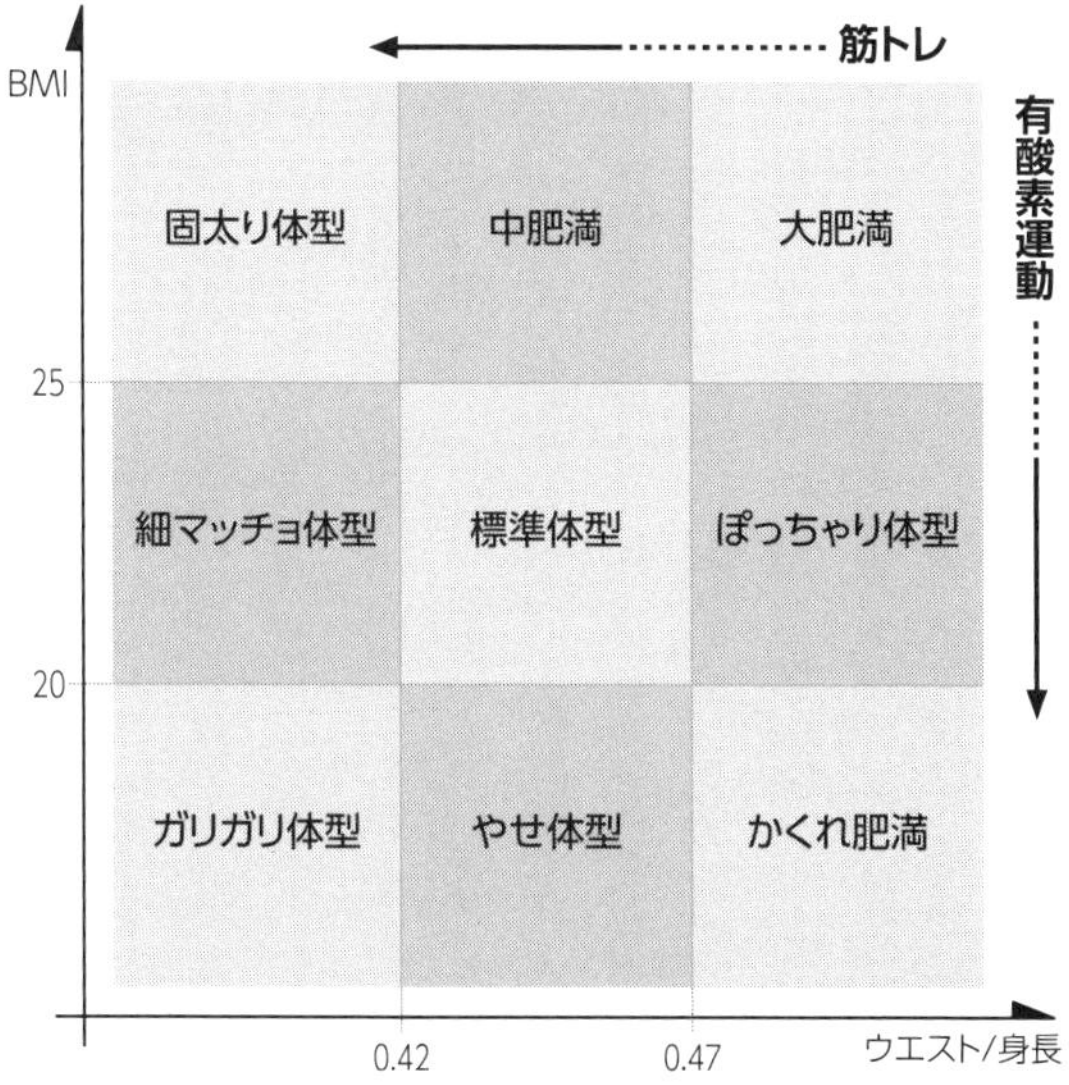

体型別トレーニング表（男性）

た方が無難です。

ウォーキング、水泳、自転車、ADLトレーニングなど、関節に負担のかからない、体力とライフスタイルに合った有酸素運動を取り入れましょう。

第4章 意外と知らない運動の常識・非常識

絶対に意識するべき3原則

いよいよ運動に取り組む際、頭に入れておいてほしい3原則があります。それが、「フォーム」「呼吸」「スピード」です。

まずはフォーム。フォームが大事だということは、筋トレ、ストレッチ、有酸素運動など、あらゆるエクササイズにいえることです。正しいフォームがとれていないとトレーニングの効果が出にくく、ケガをしやすくなります。

ランニングであれば変な走り方が身についてしまいスポーツ障害を招いたり、筋トレのベンチプレスであれば肩や手首を痛めたりと、やはりケガにつながります。筋トレの場合は、反動を利用するなど効率のいいカラダの使い方をしてしまうと、効果が半減してしまうことにもなります。ストレッチも同様です。たくさんカラダを捻《ひね》っているからといって、目的の筋肉が伸びているとは限りません。

このように、どんなエクササイズであれ、正しいフォームを身につけることは重要です。本書で紹介している筋トレ6種目に関しても、手の幅やカラダをどこまで下げるかといった解説をしっかり見て行ってください。

同じ腕立て伏せでも、回数にこだわって腕の曲げ伸ばしだけしていると、他の筋肉を使ってしまっていることが多いのです。パッと見は同じような運動に見えますが、50回、100回とこなせるような運動は、鍛えたい部位に適正な負荷がかかっていません。

次に呼吸です。

ランニングでは、昔「スッスッ、ハッハッ」というように、2回吐いて2回吸うという呼吸法の指導を受けた人が少なくないかもしれません。でもこれじゃなければダメ、ということではありません。呼吸は自然呼吸に任せて構わないのです。

筋トレでは、カラダやダンベルなどの重りを地面から上げるときに息を吐き、重りを地面に戻していくときに息を吸うのが原則です。地球から離れるときに息を吐く、「ロケットのイメージ」です。腹筋運動なら上半身を地球から離していくときに息を吐き、地球に戻していくときに吸います。ただし、スクワットの場合は、最初の直立姿勢が既に離陸している状態。腰を落とす動作が着地状態に当たるので息を吸い、元の直立姿勢に戻りながら息を吐きます。

筋肉が縮みながら力を出すことを、「コンセントリック局面」といいます。これに対して筋肉を伸ばしながらパワーを出す運動が、「エキセントリック局面」です。ダンベルを持ち上げるアームカールでダンベルを引き上げるときはコンセントリック、下げるときがエキセントリックです。コンセントリック運動では発揮できる力が小さいので、辛《つら》く感じます。ですから息を吐いて強い力を出そうと努力します。エキセントリック運動は筋肉が発揮する出力が大きいので、息を吸う余裕があるというわけです。

とはいえ、運動の最初がコンセントリック局面になる腹筋運動や、逆に運動の最初がエキセントリック局面になるスクワットなどがありますので、それで混乱するようなら、呼吸にあまりとらわれる必要はありません。重要なのは息を止めないこと。息を止めると血圧が一気にあがって血管に負担がかかってしまうからです。やっているうちにどちらか分からなくなったら、とりあえず呼吸をし続けてください。呼吸でとまどうのは最初のうちだけ。慣れれば自然に行えるようになります。

最後にスピードです。

こちらも地球から離れるときは1〜2秒程度で速めに動き、地球に下りるときは2〜

4秒程度でゆっくり動くのが原則です。離陸するときはびゅーっと勢いよく、下りてくるときはパラシュートでゆっくりふらふら下りてくるイメージです。前述のように離陸の動作、コンセントリック運動は辛いので速く、着地するときのエキセントリック運動は楽なのでゆっくりと。スピードを変えることで、離陸と着地の負荷を同じレベルに調節するのが狙いです。

カラダを休めるのもトレーニングのうち

筋トレは一度行ったら、その後の2日間は休息するのが理想です。筋肉は刺激を受けて疲労すると、次に同じ刺激を受けても耐えられるように自分自身をグレードアップさせていきます。自らを太くして出力を大きくしようとするのです。この現象を「超回復」といいます。超回復にかかる時間は2日程度。この休養期間にこそ筋肉は成長しているのです。

というわけで、効率的に筋肉を養いたい場合、トレーニングの適切な頻度は週に2〜3回ということになります。多くても週3回と考えてください。といっても、休養期間に厳密になりすぎる必要はありません。

たとえば、「月・木・日」とトレーニングを行ったら、超回復のための休息を厳密に2日間とろうとすると、翌週は「水・土」と、曜日がどんどんズレていきます。これはかなり面倒なスケジューリングです。仕事やライフスタイルの都合で、時間がとれる曜日は人によってある程度決まっているはずです。休養期間が1日だけで多少疲れが残っていたり、逆に2日以上日にちが空いてもいいので、「月・木・土」なら、その曜日を固定して行うことが重要です。

ただし、絶対に連続して行わないこと。「月・火・水」というように連続して行うと筋肉は肥大しません。せっかく筋肉が超回復しようとしているのに、その前に次の刺激が入ってしまうからです。筋トレの効果が落ちてしまうばかりか、筋肉が過労を起こしてむしろ萎縮してしまったりケガをしてしまう可能性があります。

一方、有酸素運動は筋トレのように局所的に刺激を入れるわけではないので、カラダは速く回復します。だからといって毎日行うことはおすすめできません。筋肉や関節の使い過ぎ、オーバーユースを防ぐためにも、多くて週に5回の頻度が限界と考えてください。もちろん、こちらも連続して休息を入れるより、3日ランニングをしたら1日休むくらいの感覚で行いましょう。ちなみにストレッチはそれ自体が柔軟性を高めるトレーニングであると同時に積極的な休息にも当たるので、毎日行っても一日何回行っても構いません。

空腹時の運動は避ける

トレーニングはもちろん、時間のとれるときに行うことが基本です。その上で、トレーニングの効果をより効率よく上げるための条件が、いくつかあります。

カラダの中にエネルギーがある程度満たされている状態、空腹状態でないことがひとつ。ある程度、血糖値が上がっていないと力が出ません。空腹のときは時速10㎞で30分しか走れない。でも空腹感があまりない状態で走ったら、同じスピードで2時間走れるかもしれません。距離が短くなれば、それだけエネルギー消費量が落ちることはすでに述べました。力が出せずにみすみすエネルギー消費のチャンスを逃してしまうことになります。以上のことから、トレーニングを行うなら食事の2〜3時間後、血糖値が下がり切っていないタイミングで行うのがベストでしょう。ただし、10分以内の筋トレや、ゆったりしたストレッチを行うのであれば、エネルギーの消費量は少ないので、空腹時でも問題ありません。

もうひとつは、エネルギーとは別の意味で、カラダが力を発揮しやすい状態であることです。私たちのカラダの1日の生体リズムが、交感神経と副交感神経のふたつが交互に働くことで刻まれていることは、もうご存知の通りです。

日中仕事をしているときは交感神経が働き、カラダは「オン」の状態になっています。夜間は副交感神経が働き、カラダは「オフ」の状態になります。「オフ」の状態である寝る直前、「オフ」から「オン」にスイッチする前の寝起きのタイミングでは、走ってもスピードは出ませんし、筋トレをしても大きな力は出せません。また、副交感神経は食事や入浴によってもその働きが活性化します。食事直後や入浴後は、カラダは「オフ」状態。このタイミングで運動をしても、やはり力を発揮できないでしょう。

自律神経の側面からいうと、夕方、学生時代の部活動の時間帯が運動には最適です。一日のうちで最も体温が上がっている時間帯なので、カラダはすぐに動ける態勢が整っています。ただし、血糖値は下がっているので、16時に走るのであれば15時位におにぎりなどの軽い補食を摂《と》るか、20〜30分前にオレンジジュースなどの果汁を摂る必要があります。

でも、実際にはサラリーマンの方は、夕方に運動を取り入れることは難しいと思います。帰宅して夕食を食べ、しばらくしてからランニングや筋トレをするというのが現実的でしょう。たとえば、夜8時くらいに夕食を摂り、10時くらいに運動をして、入浴してから就寝。あるいは夕方5時位におにぎりなどを食べて、夜7時位に運動をし、帰宅後9時位に主食を控えめにした夕食を摂る。そんなスケジュールが妥当でしょう。

いくつか運動のタイミングの条件を挙げましたが、ここで大事なことがあります。

こういう提案をすると、みなさん、もう11時だから運動は止めて寝なければとか、空腹だからトレーニングは止めておこうというふうに考えがちになります。でも、ここで挙げたのはあくまで理想のタイミング。この時間帯でなければダメ、ということではありません。空腹であろうが副交感神経が優位な状態であろうが、トレーニングはやった方がやらないより絶対にいいのです。

運動の理想のタイミングは取り組む上で知っておくと役立つ知識であって、運動をしない選択をする免罪符ではないということです。

運動前のストレッチは効果がない？

野球やサッカーなど、高強度かつ複雑な動きや不規則な動きを伴うスポーツでは様々な筋肉が強い力を発揮します。競技でなくとも、今流行の山や自然の中を走るトレイルランニングなども同様で、思わぬカラダの動きで筋肉や関節、靭帯《じんたい》を痛めることが多々あります。こうした運動をする前には入念なストレッチが必要でしょう。目的はパフォーマンスアップおよびケガの予防です。

ストレッチには大きく分けて、静的ストレッチと動的ストレッチがあります。前者は筋肉を伸ばした状態を一定時間保って、じっくりと行ういわゆる定番のストレッチ。後者はカラダを動かしながら筋肉をほぐしていくストレッチです。サッカー選手が試合の前にピッチで行うブラジル体操などがこれに当たります。

スポーツを行う前には、軽く静的ストレッチをした後、腕や脚を大きく動かしながら、それぞれのスポーツ動作に類似した動的ストレッチを行うというのがセオリーです。

一方、ランニングや筋トレなどはA地点からB地点まで脚と腕を運ぶ、またはものを持ち上げるという決まった動作なので、ケガをしにくいのが特徴です。よって、ストレッチが必ずしもマストではありません。カラダを温めて運動に備えるという意味では、ウォーミングアップとして歩くだけで十分です。会社から家までの帰宅途中、15分程度歩くならば、そこからすぐにランニングしてもいいですし、筋トレをしてもいいでしょう。ただし、スピードや強度（負荷の大きさ）は少しずつ上げていきます。

もちろん、ストレッチを取り入れることは悪いことではありません。たとえば、会社から走って帰ろうというときなどは、デスクワークで固まったカラダをほぐすことに意味はあります。ただこのとき、注意点がひとつ。静的ストレッチをだらだら長時間行うと、カラダを休息モードにもっていく副交感神経が働いてしまいます。静的ストレッチを行うなら短時間、この後に動的ストレッチであらゆる方向に筋肉を伸ばしてあげることがポイントです。

ちなみに、運動前の静的ストレッチにはまったく効果がないという説を唱える人もいます。でもそれは明らかに言い過ぎ。その説は、長時間の静的ストレッチを行った後、運動パフォーマンスが低下したという特定の実験から広まったものです。もちろん、ひとつのストレッチ動作を30秒とか1分とか続ければ、筋肉は緩み、気持ち的にもダウンモードに入っていきますから、それは当然のことでしょう。しかし、パソコン作業をしている人が短時間の静的ストレッチを行えば、確かに筋肉はほぐれて運動に適した状態になります。静的ストレッチには意味があり、ただ長く行わない方がいいというだけなのです。

運動後の入浴は逆効果

走ったり筋トレをした後、筋肉に疲れを残さないためにはストレッチによるクーリングダウンが有効です。このときのストレッチは主に静的ストレッチです。

運動で繰り返し収縮した筋肉は緊張し、乳酸などの代謝物が溜まっています。ストレッチで筋肉の緊張を解き、血液の循環を促して乳酸などを除去すれば、のちのち疲れを残さずに済みます。前述したようにストレッチは副交感神経を優位にするので、運動後、心身をゆるやかにオフモードにもっていくという意味でも有効です。

カラダを動かした後は、気分的にさっぱりしたいのでお風呂に入るという人がいますが、筋トレ直後には、入浴は避けるのが賢明です。

筋トレ後は筋肉中の乳酸や疲労物質を速やかに分解して、疲れを残さないことが重要です。運動後は筋肉が膨らんだ、いわゆる「パンプ」した状態になります。これは筋肉中に相当量の血液が流れ込んでいるということ。乳酸などの分解物は、その血流に乗って取り除かれていきます。

ところが、入浴でお湯からカラダに熱が加わると、血液はその熱を逃がすためにカラダの表面に集まってしまいます。つまり、筋肉中の血液が不足するので乳酸や疲労物質が、筋肉中に残ってしまうことになるのです。

食事をした後、消化吸収作業が進むのは、消化管周辺に血液が集まっているからです。食後、いきなり激しい運動すると筋肉に血液がとられて、消化吸収作業はうまく進みません。これと一緒です。逆に、運動後に大量にものを食べると、消化管に血液がとられて筋肉の血流が減ってしまいます。

ちなみに、シャワーは体温を上昇させる効果は低いので、汗を流すために筋トレ直後に浴びても問題はありません。

とくに、ある程度きつい運動をするとき。1時間くらい走る、筋トレを30分くらい頑張るというときは、運動後はのんびりストレッチをしたりシャワーを浴びてリラックスし、運動終了後30分程度空けてから風呂に入ったり食事を摂りましょう。もし食事や入浴を先に済ませている場合は、クーリングダウンをじっくり行って、そのまま寝てしまっても構いません。

やみくもなプロテイン摂取は太る

「超回復」の話を覚えているでしょうか。筋肉はトレーニングによってダメージを受けると、自らを元の状態よりグレードアップさせるという話です。トレーニング後、2〜3日の間にこの超回復が起こりますが、このとき必要不可欠なのが、筋肉の材料となるタンパク質です。

筋トレは言ってみれば、単なる刺激にすぎません。その後にもし、筋肉の材料になるタンパク質がなければ超回復は起こりません。なにしろ、材料がないのですから、筋肉が大きくなれるはずがないのです。

本格的に筋トレに取り組んでいる人たちは、そこでプロテインパウダー、いわゆるプロテインを利用します。プロテインとはタンパク質の意味で、プロテインパウダーはタンパク質をたくさん含んでいる粉状の栄養補助食品。これをトレーニング後や食事と一緒に補給することで効率的にタンパク質を摂ろうというわけです。

といっても、日常の食事の中でタンパク質が摂れていれば、わざわざプロテインを取り入れる必要はないというのが、私の考えです。

プロテインを飲んでいるのに、普段の食事はラーメンとチャーハン。そういう人がよくいます。これでは本末転倒です。肉を食べたりお刺身をつまむことで、ただタンパク質を補給するだけでなく心理的な欲求が満たされます。ゴクゴクと一気に飲むプロテインでは、その効果は得られません。主食としてラーメンを食べるなら、チャーハンをやめて肉野菜炒めやレバニラ炒めなどの主菜を組み合わせる。あるいはタンメンにしてチャーシューと卵をトッピングする。そうすれば、わざわざプロテインを摂取しなくても必要なタンパク質は確保できます。

筋トレを始めたら、一般の人の1・5倍のタンパク質が必要です。体重1kg当たりにすると1・5g程度。70kgの人なら、70×1・5で、1日約105gのタンパク質量になります。この量を日常の食生活で確保することは、意外に簡単です。

毎食ごとに肉あるいは魚料理の主菜を必ず摂り、これとは別に、卵や納豆、牛乳などのタンパク質系の副菜をひとつ増やす。パスタを食べるときは、必ずチキンなどをプラスする。コーヒーを飲むときには、ブラックではなくカフェラテにする。おやつを菓子パンやスナック菓子から、チーズ入りちくわやフライドチキンに変える。これだけで一般的なカラダづくりに十分なタンパク質が摂れます。夜だけステーキを1・5倍にするより、3度の食事や間食でちょこちょこタンパク質を増やしていく方が、カラダへの吸収もスムースに行われます。

また、3食しっかりタンパク質を食べて、さらにプロテインを摂ってしまうとカロリーオーバーになってしまいます。余ったエネルギーは容赦なく体脂肪として蓄積されてしまうので、筋肉の材料を摂っているつもりが、体脂肪を増やしてしまう可能性もあるのです。さらに、過剰なたんぱく質の摂取は腎臓に負担をかけたり、カルシウムの排泄《はいせつ》を促進してしまうなど、健康上様々な弊害が起きてきます。

ただ、胃腸が弱くて必要なタンパク質が食べられない人もいます。または一人暮らしできちんとした主菜を調理できないという場合もあるでしょう。そんなときは、プロテインは確かに重宝します。また肉や魚や卵など、タンパク質を多く含む食品は脂質も多く含むものが多いので、脂質の少ない調理法や部位を選ぶことが必要ですが、プロテインの場合はこの面倒さはありません。

ですが、それはあくまで緊急避難的なもの。基本的には食事の内容を充実させて、必要なタンパク質をしっかり摂るということが重要です。

ジムは必要か？

運動に興味をもった人はジムに通うかどうかを一度は考えるかと思います。ここでは、ジムで運動するメリットについて触れておきましょう。

自体重トレのメリットが手軽さだとすると、ジムでのマシントレのメリットは効率です。マシンのひとつひとつはターゲットの筋肉を効率よく使うようにできています。自体重トレでは「手の幅をこれくらい開いて」とか「胸は開いたまま」とか細かくフォームを再現する必要があります。マシンは最初こそ取り扱いに戸惑うものの、基本的には目の前にあるグリップを握って押し出す、あるいは上にある重りを引き下ろせば、目的とする筋肉が鍛えられます。より早く、あまり考えずに効果を出したいという人にとっては、ジムに通うことは有効といえるでしょう。

ジムには指導者がいるということも、メリットのひとつです。紙に書いてあるトレーニングの内容を自分では正しく行っているつもりでも、そうではない場合もあります。プロの指導者に直接見てもらった方が早く動きを習得することができます。もちろん、フロアにいる指導者に延々見てもらえるわけではないので、もう一段階進んでパーソナルトレーナーをつけてもらう方法もあります。これは会費とは別に、1時間に数千円というお金を支払って、マンツーマンでトレーナーの指導が受けられる制度です。また周囲に人がいること、特に理想的な体型をしている人の存在は、トレーニングに対するモチベーションを上げることにもつながります。

自体重トレもマシントレも、どちらも選択肢に入るという人は、効率のいいジムに通う方がベターかもしれません。

ランニングの場合は、天候やコースに左右されないということがジムで走る最大のメリットとなります。ランニングは雨や風に大きく影響されます。実業団レベルのランナーでない限り、全身を濡《ぬ》らしてまで走りたくはないでしょう。晴れてはいるけれど極端に寒い日も同様です。夏は屋外でのランニングはほとんど自殺行為、熱中症などマイナス面が大きくなります。その点、ジムの屋内は22〜26度くらいの温度に設定されていて、湿度も管理されているので季節や天候を選ばずに快適に走ることができます。

また、ランニングマシンは屋外で走るよりもケガのリスクが低いことも、もうひとつのメリットです。ランニングマシンは、限りなくフラットかつ着地の衝撃を吸収してくれます。このため、ねんざやランナーズ・ニーといったスポーツ障害が起こりにくいのです。走り方のチェックやフォームの修正も、屋外よりジムの方がやりやすいといえます。

さらに、屋外で走る場合は周囲の人や車などに配慮しなければなりません。信号待ちでは否応なく運動強度を落とさなければなりません。女性の場合、夜外を走るのは心理的な不安も大きいことでしょう。

ただし、月会費がかかる、自宅近くにジムがない、人に見られるという環境に馴染《なじ》まないなど、人によってジムの条件に合う、合わないということは、もちろんあります。ランニングで同じ景色の中を延々走るのはつまらないと思う人もいるでしょう。あくまで、自分はジムの方が運動しやすいという人は、そちらが有効という話です。

第5章
自分に合った運動を選ぶ

運動を使い分ける

何事にも言えることですが、嫌いなものに無理に取り組んでも長続きしません。世間でいくら流行しているエクササイズだからといって、自分が好きでなければ続きません。トレーニングは継続することで効果が徐々に上がってきますし、中止すれば徐々に効果が下がってくるので、続かなければ意味がありません。

これまで解説してきた代表的な運動、筋トレやランニング以外にも、さまざまな運動があります。動きの特性も、得られる効果も、運動経験の有無が影響するかどうかもそれぞれ異なってきます。まずは、運動の特性を知りましょう。その運動が自分に合うかどうか、好きになれるかどうかが、ダイエットを成功させるカギとなります。

同じ有酸素運動でもカラダへの負担が違う

有酸素運動は直接的にエネルギーを消費する運動です。ダイレクトに体脂肪を減らすだけでなく、血糖値や血液中の中性脂肪を下げるなど、体の中のエネルギー余剰状態を正常に戻す働きもあります。そもそも心臓病、脳卒中、糖尿病、動脈硬化、高血圧といった生活習慣病の根本的原因は体内でエネルギーが余剰することにあります。ですから有酸素運動は生活習慣病の予防効果が期待できるため、メタボ健診でひっかかっている人には、まず優先的にすすめられるのです。

ところが、美味しいビールを飲むために有酸素運動をしている人がいます。過酷な減量を課せられたボクサーなどは、ひと口何かを食べたがためにランニングに出かけることもあります。でもこれは、もちろんいいことではありません。過剰な運動、嫌々やる運動は関節や骨などのスポーツ障害を引き起こすだけでなく、心理的なストレスを増やすだけ。やはり、好きなもの、自分に合っているものを選び、自分の体力に合った量だけ行うことが重要です。

有酸素運動といっても種類はさまざま。自分に合ったものを見極めるために、順番に説明していきましょう。

①ウォーキング

当然のことですが、幼児の頃に二足歩行の方法を獲得して以降、歩き方を知らない人はいません。日常の延長ですから、ウォーキングを始めるための準備はまったくいらないということです。自転車に乗れない人はいます。水泳となると、もっといるでしょう。ウォーキングはいつでもどこでも誰にでも可能で、しかも強度的には体の負担になるほど心拍数が激しく上がるということもありません。

運動不足の人はもちろん、高齢者でも気軽に始められます。身長と体重から求められる体格指数、BMIが30以上という重度の肥満の人でも、クッション性の高いシューズを履いてゆっくり歩けば問題はありません。ウォーキングは有酸素運動の中でも最も敷居の低いエクササイズといえるでしょう。

②自転車

ここでいう自転車は、いわゆるママチャリではなく、スピードがある程度出る自転車のことです。クロスバイクやロードバイクといった、サドルの高い長距離を楽に走れるタイプのものです。

自転車は有酸素エクササイズとして、とても有効だと思います。ランニングのように着地の衝撃がないので、膝《ひざ》などの関節や脛《すね》などの骨に負担がかかりません。そのかわり、上半身は前傾姿勢のポジションをキープする必要があるので、腰には多少負担がかかります。ハンドルの支持には腕の支えがいるので腕の筋肉が刺激され、また、ペダルを前に押し出す際には太ももの前の筋肉にかかる負担が大きくなることが特徴です。

よく、自転車に乗り続けていると、競輪選手のように太ももが太くなるというイメージを持っている人がいますが、これは誤解です。競輪の選手は重いギアで瞬間的に爆発的なパワーを出しますが、ツール・ド・フランスのような長距離レースの選手は、みなほっそりとしたカモシカのような脚をしています。彼らのように軽いギアで回転数を上げていけば、脚が太くなる心配はありません。

ただ残念ながら、都心では自転車によるエクササイズを行うのが難しい側面がありま す。ヨーロッパのように自転車専用道路が整備されていないからです。車と自転車の共存意識が未だに薄いこともあり、車や人との接触事故がとても多いというのが現状です。

サイクリングロードを備えた大きな公園や土手が近くにある人、または郊外在住の人に向いているエクササイズといえるでしょう。

③ダンス系エクササイズ

80年代から90年代、スポーツクラブのスタジオプログラムと言えばエアロビクス。現在ではエアロビクスという名称のプログラムは減りましたが、依然としてダンス系のスタジオプログラムは人気です。現在のダンス系プログラムはいくつかありますが、ベースはすべてエアロビクス・エクササイズです。スポーツクラブ以外でも、現在「ホームエクササイズＤＶＤ」として脚光を浴びているものは、やはりエアロビクスがベースになっています。

有酸素運動の中では、最も好き嫌いが分かれる種目でしょう。そもそも音楽に合わせて踊ることが嫌、他人に見られるのが嫌という人は少なくないと思います。自分ひとりでやるなら話は別だけれど、というのがダンス系のＤＶＤが定期的にヒットする理由だと思います。家でひとりで行う分には、多少リズムがズレていようが下手くそであろうが、ちっとも恥ずかしくないからです。

エアロビクスは軽いものでもジョギング程度の強度があります。見た目よりかなりキツい運動です。その一方でとても優れたプログラムでもあります。有酸素運動の要素だけでなく、ストレッチや筋トレの要素も含まれていて、カラダの機能をバランスよく鍛えられるようにできているのです。エアロビクスと名のついたプログラムは残念ながら減ってはいますが、エアロビクス及びそれをベースにしたダンス系エクササイズが運動的には、かなりレベルの高いプログラムであることは間違いありません。

④スイミング

好き嫌いというより、できるできないといった差が大きく出る種目です。10㎞くらい軽く泳げる人もいれば、25m泳いだだけで200mの全力疾走と同じくらい疲労してしまう人もいます。こうなると有酸素運動というより、すでに無酸素運動です。

普通のスポーツの場合、練習時間は3時間くらいです。ところが、水泳の選手は4～5時間水の中にいて泳ぎ続けます。それくらい長い時間をかけないと、水の中の動きが身につかないからです。陸上の空気抵抗を受けながらの動きと、水中で浮力と水の抵抗を受けながらの動きはまったく異なります。重力から解放されて水の抵抗を受けるというのは、かなり特殊な環境です。

うまく泳げないという人は、まず泳ぎ方の指導を受けた方が効率がいいことは確かです。自己流で泳ごうとすると、血圧や心拍数が過度に上がります。循環器系に問題がある人は、かえってカラダにマイナスになってしまいます。また間違った泳ぎ方は肩や腰を痛める原因にもなります。

うまく泳げない人は、まず水中歩行から始めるということも、おすすめです。基本的に浮力を受けているので、膝の関節にトラブルがある人でも有酸素運動の効果が得られます。

水泳という運動の特殊性はそれだけではありません。時間も手間もかかることです。バイクマシンは手軽なもので1万円程度で買えます。ダンスＤＶＤも数千円で買えるでしょう。ウォーキングやランニングに至っては無料です。ところが、水泳だけは実際にプールに行って着替えて、プールの使用料や指導料などがその都度かかります。このため、プールでのエクササイズの参加者には、時間も経済的余裕もある高齢者が多いのです。

ただ、高齢者にとって大切なのは骨密度を下げないこと。男女問わず、50歳以降はホルモン分泌の変化で骨密度が下がってきます。このことから、普段からできるだけ骨に刺激を与えることが重要になってきます。陸上の運動は下から上、長軸方向の刺激が骨にかかります。すると、カラダの中で骨を壊す働きより骨を作る働きが優勢になるのです。水中運動ではこの長軸方向の刺激を得ることができず、骨密度を上げる効果があまり期待できません。

以上のことを踏まえると、最もカラダに負担がかからないのは、水中ウォーキングです。ここから始めて、水泳に進むという手もありますが、やはり陸上での運動も欠かせません。環境が許すなら次にカラダに負担の少ない自転車、慣れてきたらウォーキングやエアロビクスに挑戦してみるのもいいでしょう。

もちろん、フットサルやバスケットボール、格闘技など、ゲーム性のあるスポーツにトライするという選択肢もあります。有酸素運動はあくまでカラダづくりの手段で勝ち負けを競い合うゲーム性はゼロです。やせるという目的を達成し、普通の有酸素運動では物足りなく感じるようになったら、今度は運動を「楽しむ」ことに目を向けてもいいでしょう。

それ以外のエクササイズ

息が切れることもなく、疲れや筋肉痛を伴うこともとくにない。それでも広い意味では運動のカテゴリーに入るエクササイズは数多くあります。こちらについても、紹介しておきましょう。

①ストレッチ

関節の運動範囲を広げて、カラダの柔軟性を高めるトレーニングです。ストレッチ自体には直接やせる効果は期待できません。有酸素運動のように直接エネルギー消費はしませんし、筋トレのように筋肉を増やして基礎代謝を高める効果もないからです。

その一方で、カラダと心のリラクゼーション効果はかなり高いといえます。実はストレッチによって間接的に体脂肪を減らす可能性は十分にあります。そもそも太る最大の原因は、消費エネルギーを大幅に超えるほどの過食。そしてその過食のほとんどの原因となるのはストレス。ストレスを受けているときは自律神経のうち、交感神経が常に興奮しています。その緊張やイライラ感を解消する代償行為として、人は過食に走ることがあるのです。

ストレッチは副交感神経の機能を活性化させてくれます。その結果、食欲を本来あるべき正常な状態にリセットする効果が期待できます。

②ヨガ

本来のヨガはエクササイズではありません。宗教における一種の修行です。

現在、日本で普及しているヨガは80年代にアメリカで作られたものです。それでも、ベースは修行のポーズにあります。ヨガのポーズをとることは、滝に打たれたり坐禅《ざぜん》を組むのと同じように苦しいものです。それもこれも神と一体になるためですから、苦しければ苦しいほどいいわけです。このため、ヨガでは運動生理学やカラダの構造に従う必要はありません。関節の生理学的な可動域を無視していますから、人によっては靭帯《じんたい》を伸ばしてしまったり脱臼《だっきゅう》する可能性があるポーズもあるわけです。

40分、1時間というスポーツクラブのヨガ・プログラムの場合は、ストレッチとほとんど変わりません。ところが、その後ヨガにはまった人たちが何をするかというと、インドに行って有名な先生に指導を仰ぐなどというケースが多いのです。その結果、カラダにトラブルが生じることもあります。私も相談をよく受けるのですが、ヨガで関節や筋肉を痛める人は珍しくありません。

ヨガのインストラクターは2種類に大別されます。かつてエアロビクスなどの指導をしていて、途中からヨガにシフトして教え始めた人。この人たちはカラダの構造を知っているので、このポーズはある種の人たちには無理だろうと判断できます。床に両手をついて腰を反らせるコブラのポーズというのがありますが、腰にトラブルを抱えている人たちには肘《ひじ》をついて腰への負担を減らすハーフコブラの指導を行う、というようにです。

もう1種類は、最初からヨガの道に入って修練を積んで、ヨガを教え始めた純粋培養のインストラクター。指導するのはあくまでも修行としてのヨガです。生理学的にありえないところに関節を動かして長い時間苦しいポーズをとる。これでは、カラダを痛めて当たり前なのです。

その一方で、ヨガには大きなメリットがあります。それは、生き方が変わるということ。ヨガのインストラクターに太った人はほとんどいません。それもそのはず、朝起きて太陽の光を浴び、自然食を食べて添加物を避け、暴飲暴食などもってのほかの生活です。エクササイズ的な効果もありますが、それ以上に「ヨガ的な生き方」をすることで、やせたりきれいになったりする効果が得られる、と私は考えています。

③ピラティス

ピラティスのベースは、第一次大戦下の傷病者のリハビリテーションにあります。ケガを負ったり病気に罹《かか》っている人たちの姿勢は、基本的に仰向《あおむ》けです。仰向け姿勢は肺や心臓を圧迫しないので、楽に過ごせるからです。この姿勢で行うのがピラティスです。2本の脚で立つことを前提としていないので、実際の日常生活の動き、使われる筋肉とはやや偏りが出てきます。

ピラティスを運動の入り口にする多くの人たちは、椎間板《ついかんばん》ヘルニアなど背骨に問題があったり、姿勢が極端に悪いといった人たちです。このことからも背骨のポジションを矯正《きょうせい》することを目的とした、治療の要素が大きいエクササイズといえるでしょう。入り口はそれでももちろん構いません。けれど、いつまでもそれに身を委ねることはおすすめしません。私たち人間は、2本の脚で立って初めて全身の筋肉を使い、多くのエネルギーを消費します。ピラティスをきっかけに、立って行う運動にも是非、チャレンジしてください。

④ADLエクササイズ

「ＡＤＬ」という言葉を初めて目にしたという人もいるかもしれません。これは「Activity of Daily Living」の略で、日本語では「日常生活動作」です。この日常生活での動作を利用して行うのが「ＡＤＬエクササイズ」、くだけて言うと「ながらトレーニング」です。

ひとつのアイディアとして、こんな方法があります。部屋の入り口にのれんを吊《つ》るして移動する度にのれんを避《よ》ける。家の中のゴミ箱をひとつにして、ちょこまか移動する機会を作る。キッチンの高い位置にラップフィルムを置き、低い位置にアルミ箔《はく》を置くなどなど。生活に必要な動作をする際のエネルギー消費を上増ししていくという方法です。

日常の動きを利用して、運動につなげるという方法もあります。フロアを掃除しているときに一歩進む度に腰を深く落とす、電車の中で座っているときに両足を少しだけ床から浮かせるといった工夫です。

こうしたADLをちょこまか行うことで、1日に200kcal程度のエネルギー消費が見込める場合もあります。チリも積もれば山となるで、小さい動きの積み重ねでも体脂肪を減らすことは可能なのです。極端なことを言えば、「落ち着きのない人はやせている」ということです。某大物芸人のように、人と話すとき、立ったり座ったり大げさな身振り手振りを常にしているような人は、確かにやせている傾向があります。これに対してどーんと座ったきり動かない人は、ADL自体が低いので太っている傾向にあります。

短い時間に集中して運動をした方が性に合っているという人ももちろんいるでしょう。それでも、運動の時間がとれない日は、こまめなADLエクササイズでエネルギー消費量を稼ぐというのも、ひとつの手です。

第6章

間違ったダイエットはカラダを壊す

流行の単品ダイエットは本能に反する

生理学や医学に根ざしていない「とんでもダイエット」が、ときどき注目を浴びることがあります。なかでも一番多いのは、いわゆる単品ダイエット。キャベツ、卵、ヨーグルト、バナナ、納豆など、とにかく特定の食品を多く、あるいはそればかりを食べるというものです。ちょっと前にはトマトダイエットが話題になりました。トマトの成分の中に、脂肪を燃焼させる遺伝子を活性化する物質が発見された。そんなニュースが流れたことがきっかけでした。

確かにその成分が含まれていることは事実かもしれません。でもそれはほとんどの場合、微量な成分をとてつもなく濃縮したときに効果が期待できるという話。人間に効くかどうかも分かりません。それなのに、スーパーの野菜売り場からたちまちトマトが消える、というような現象が起こります。

特定の食品がそれほど強い効能をもっていることは、まずありえません。カラダの中では、いろいろな栄養素がそれぞれ複雑に関わり合いながら効果を発揮しています。糖質だけとってもその代謝に関わるビタミンB群がないと、エネルギーとして活用できないというように。

でも、試してみたら確かにダイエット効果があった、という人もいるかもしれません。実際にやせたのだから、それはそれでいいのでは、と。

単品ダイエットでやせるというのは、簡単な仕組みです。満腹を感じるのは、食べたものを一旦溜《た》める「胃」、血糖値の上昇を感じる「間脳の視床下部」という部位。そしてもうひとつは「大脳」です。

食事をすることによって、胃の容量が満たされ、血糖値が上がります。しかし、実はこの時、胃にはまだ余分なスペースがあり、血糖値も十分に上がりきってはいません。先に大脳が食べ物を見た視覚情報、匂いの嗅覚《きゅうかく》情報、咀嚼《そしゃく》している感覚などから「満腹」であると判断して、食欲を低下させるのです。これを感覚特異性満腹とか感覚特異性飽和と呼びます。

甘いものは別腹、という表現があります。感覚特異性満腹が訪れた後でも、デザートなら入る余地がある。今までとは違う食べ物から得られた視覚情報、嗅覚情報、味覚情報などに脳が反応して新たな食欲が生まれるのです。

逆をいうと、同じものを延々食べ続けると、すぐに感覚特異性満腹が訪れて脳は食欲を低下させます。簡単に言えば単調な味に慣れてしまうのです。動物園の象も、ニンジンだけ与えているとみるみるやせていきます。ですからニンジンにリンゴやバナナを組み合わせたり、毎日配合を変える工夫がされています。パンダも一見、同じ笹《ささ》だけを食べているようですが、実はいろいろな種類の笹がエサとして取り揃えられています。

みなさんも「〇〇づくし」という、パッと見はごちそうのイメージがあるコース料理を食べているうちに、飽きてしまった経験があると思います。つまり、単品だけ食べる食事では、食に対する欲求が落ちてしまうのです。単品ダイエットの仕組みも同じこと。脳が早く満腹感を感じるのでカロリーが抑えられる。だからやせられるという仕組みです。

以前流行したバナナダイエットを例にとりましょう。バナナ1本は約80㎉です。食べられてせいぜい5本程度でしょう。カロリーはたったの400㎉です。一般的な女性の食事でも、1食につき600㎉程度あることを考えれば、とても少ないカロリーですから、体重が減って当然なのです。

しかし、このような単品ダイエットを続けていけば、栄養失調になります。この世に完全食品というものは存在しません。ひとつの食材で必要な栄養素すべてを取り入れることはできないのです。

感覚特異性満腹というシステムはよくできたもので、この味に飽きたから次はこの味、と「甘い」「辛い」「うまみ」といった異なる味覚を満たしていくことで、無意識にいろいろな栄養素をカバーすることができます。もし、食材に毒が入っていた場合、単品だけ食べていたら中毒になったり死んでしまいますが、いろいろな食材を組み合わせて食べていることで、そうしたリスクは防げます。これは、動物すべてに備わっている根源的な能力です。

米を食べる、魚も食べる、肉も食べる、野菜も食べる、ヒトはさまざまなものを食べることで生き残ってきたわけです。単品ダイエットが、動物としての本能にいかにそぐわないか、お分かりでしょう。

1日1食は肥満のもと

食事の回数は1日1回だけ。そのかわり、好きなものを好きなだけ食べても構いません。そんなダイエットがたびたび流行します。見事に減量に成功した人も少なくないかもしれません。

このダイエット法で体重が減るのも、当たり前のことです。一般的に「体重×40」という公式で求められるのが、その人に必要な1日のエネルギー所要量です。厳密にいうと年齢や性別、仕事の内容、生活習慣などによって個人差は当然ありますが、大まかな数値はこの公式で導き出すことができます。

体重70kgの男性だとすると、70×40＝２８００kcal。これだけのエネルギーを食事で賄う必要があるというわけです。この数値を１日３回の食事で単純に割ると、１食につき９００kcal程度。９００kcalのお弁当がここにあるとします。３つ分のお弁当を１日３回に分けて食べることはできますが、普通の人がそれを３ついっぺんに食べることは不可能です。頑張って食べてもせいぜい、１・５個分くらいでしょう。となると、１日の摂取カロリーは１３５０kcal。必要なエネルギーの半分程度です。やせるのは当然なのです。

体重は確かに落ちるでしょう。ところが1日1食ダイエットの恐ろしいところは、一度の機会で食事を大量にとることで、大量のインスリンが分泌されるということです。

インスリンは数あるホルモンのなかで唯一、血糖値を下げるという役割をもっています。食事をして血糖値が上がると、その情報に反応してすい臓からインスリンが分泌されます。カラダは常に血糖値を一定に保とうとします。インスリンの役割は増えすぎた血液中の糖をカラダのあちこちに運ぶことです。

インスリンが分泌されたとき、すぐにカラダを動かすような状況であれば、血糖は筋肉に運ばれてエネルギーとして消費されます。そうでなければ、脂肪細胞に運ばれて体脂肪として蓄積されます。食事直後に激しい運動をする人はいないでしょう。ほとんどの場合は脂肪として蓄積される方向に働くわけです。

1日1回の食事ということは、血糖値が長時間下がった状態から、急激に血糖値が跳ね上がるということです。跳ね上がった血糖値を下げるためには大量のインスリンが必要です。過剰な量のインスリンが次々に血糖を脂肪細胞へと運ぶ。体重こそ落ちますが、体脂肪はこの瞬間に増えていくという状態になるのです。

さらに、その後待っているのは長時間の低血糖状態。脂肪とともに筋肉などの除脂肪活性細胞がどんどん分解されます。結果的に筋肉量は減り、基礎代謝が下がって、エネルギー消費の少ないリバウンドしやすいカラダになってしまいます。血糖値の急激な上昇や下降を伴う無理なダイエットは、どれもカラダにとって百害あって一利なし。逆に太りやすいカラダを作っているということを理解してください。

誤解を招く食べる順番ダイエット

食べる順番を変えるだけで、無理なく楽にやせられる。そんなダイエット法がここ数年話題になっています。主食、主菜、副菜という1セットの食事かあった場合、まず最初に野菜の副菜を食べ、次に主菜のタンパク質を食べ、最後に主食の炭水化物を食べるというダイエット法です。

この食べ方の目的は、最初に食物繊維やタンパク質をとることで、炭水化物の消化吸収を遅らせて血糖値の急上昇を防ぎ、脂肪の合成を促すインスリンを大量に分泌させないこと。最近新たに登場したダイエット法のように捉えられていますが、これはずっと以前からある食事法です。糖尿病の専門家の先生はこの食べ方を昔から推奨しています。

ダイエットの手法は、今の時点ですでに出尽くした感があります。これまで誰も聞いたことのない画期的ダイエット法が突如現れる、ということはほぼないといってもいいでしょう。ファッションの流行がループするように、昔のダイエット法がまるで思い出されたかのようにフィーチャーされる。その繰り返しです。10年ほど前に腹筋ローラーが流行《はや》りましたが、あれも実は30年以上前からあったものです。

さて、食べる順番ダイエットは食べ方としては理に適《かな》っています。伝統的な日本食の副々菜や副菜で繊維質を摂ることで、血糖値の上昇はゆるやかになります。急激にインスリンが出ないので体脂肪も蓄積しにくくなります。しかも、ゆるやかに上がった血糖値は急激には下がりません。上がるペースと同様にゆっくりと下がっていきます。つまり、それだけ空腹になりにくいということです。

腹持ちがよくて空腹時間が短いということは、とても大事なことだと思います。牛丼をかき込むように流し込んで急激に血糖値を上げてしまうと、それと同じようなスピードで血糖値ががくんと下がり、その後急降下しやすくなります。しっかり食べたつもりでも、すぐに空腹感を覚えやすくなるわけです。これが、また次の食事でのドカ食いを招きます。食べる順番を工夫して空腹時間が短くなれば、飢餓感をそれほど覚えずに次の食事を迎えられます。

ただし、ここで間違えてはいけないのが、食事の量。1日の食事を2000kcal食べていた人が、食べる順番を変えたとしても、カラダに入ってくるのはやはり同じ2000kcal分のエネルギーです。

食事コントロールの第一の条件は、まず食べる量を制限すること。次に質を整えること。その次に食べ方を工夫することです。食べる順番ダイエットは、あくまで最後の食べ方の工夫のうちのひとつです。この食べ方さえ守っていればやせる、という質のものではありません。これを誤解してしまうと、順番だけにこだわって食事の量や質は以前のまま、思うような効果が得られないということになりがちです。

努力しなくてもやせられる。そんなキャッチフレーズのダイエット法は後を絶ちません。実践する方も、もしかしたら効果は出ないかもしれないけれど、楽そうだからやってみる。というようにどこか半信半疑で、ある種の罪悪感を抱いています。ですから効果が出なくても誰も責任をとれとは追及しません。そんなわけで、甘い言葉で誘うダイエット法はいつまでたってもなくなりません。

そもそも太る原因は、欲及に任せてたくさん食べたり、楽をしようとして体を動かさなかった結果です。ですから、それを解消するのに何の努力も苦痛も伴わないわけがありません。楽をしていつの間にかやせていた、そんなダイエット法は存在しないと考えてください。

動かずにやせるに騙されるな

自分自身でカラダを動かすのではなく、器具によってカラダを動かす。受け身型のダイエットの代表的なものに低周波マッサージがあります。これは、外部から電気刺激を与え、筋肉収縮を促す神経を興奮させるというもの。確かに筋肉は動きますが、それによるエネルギー消費は期待できません。もちろん、筋肉が発達することもありません。せいぜいピクピクと痙攣《けいれん》するくらいの動きです。

「腹筋何百回分に相当します」といいますけれど、あくまでこれは筋肉が痙攣する回数。

実際の腹筋運動でかかる負荷にはほど遠いのです。もし低周波の電気刺激が腹筋運動と同じ位であるなら、寝たまま装着したら、たちまち上半身が起きてしまうはずです。もちろん、そんなことはなく、上半身は床からピクリとも浮きません。それほど弱い刺激ということです。

腰痛があってまったく腹筋ができない、ケガでベッドから起き上がれないという人がリハビリとして使う分には意味があります。しかし、普通の人がこうした機器を使っても、マッサージ以上の効果は得られないと考えた方がいいでしょう。ちなみに、腕や脚などに巻いて振動を送るバイブレーション機器の場合は、筋肉はまったく動きません。血流を促すだけの100%マッサージ器具です。

また、少し以前に受け身型で流行った機器に、高速振動マシンがありました。1分間に数百回という高速で振動する台の上に乗って全身を刺激する機器です。筋肉は確かに多少使われますが、毛細血管や神経などの細胞に対するダメージが心配です。チェーンソーなど強い振動を伴う工具を扱うと、白蠟病《はくろうびょう》という血管性の神経障害が起こり、しびれや麻痺などの症状に陥ることがあります。高速振動マシンも同様に、速い振動で血管や神経が破壊される可能性は否定できません。少しでも安全性に疑いのある場合は、やはり避けるに越したことはない、というのが私の持論です。

受け身型の機器の中で最も効果が望めるのは、乗馬フィットネス機器でしょう。乗馬の動きを再現したシートの上に乗り、全身の筋肉を使ってカラダのバランスをとる機器です。この場合は、揺れに対してカラダを元に戻そうとすることで、実際にお腹周りの筋肉を中心に力が入ります。

もともと、人間はアンバランスな状態からカラダを元に戻すことで筋肉を養ってきました。赤ちゃんのときにぐらぐらしていた首が徐々にすわってくる、丸まった背筋が伸びてくるというのは、親に抱かれた状態で揺れることで必要な筋肉が養われてくるからです。揺られた状態を回復させるために筋力が使われ、エネルギーが消費されるので、受け身型のフィットネスとしては最も効果的な機器、方法であると言えます。

ただし、現状の乗馬マシンと実際の乗馬では大きな違いがあります。それは下半身の筋肉を使うか否か。実際の乗馬はあぶみに足を乗せて自分の体重を支えますが、乗馬マシンではお尻《しり》を鞍《くら》に乗せたまま行います。筋肉の大半は下半身にあるので、下半身を使わないと消費エネルギーは少なくなります。あぶみが強化されて実際に足で体重を支えられるようになれば、乗馬マシンはより理想的なマシンになるはずです。

最後は、腹筋や下半身など、特定の部位に的を絞った筋力トレーニングマシン。お腹は体脂肪が減ることでスマートになるので、腹筋だけ鍛えてもやせません。下半身トレーニングを1分間だけ行っても、下半身のうち、内ももなどのごく一部の筋肉を刺激するだけに過ぎません。いくら下半身には筋肉がたくさんあると言っても、運動中にわずかなエネルギーしか消費しませんし、基礎代謝も上がりません。

そもそも、筋力トレーニングは一部の筋肉だけを短時間使う運動なので、消費するエネルギーは1分で1kcal程度とわずかなものです。第1章でお話ししたように、全身を鍛えて筋肉量を増やしてこそ、基礎代謝が上がってやせやすいカラダになるのです。ですから、一部だけを鍛える筋トレマシンではやせる効果はほとんど望めません。

ただ、どんなものもきっかけのひとつにはなります。こうしたマシンを使うことで日常生活がアクティブになったり、外に出る機会が増えれば、それはそれでプラス方向に働きます。元をただせば、楽をしたから太ったのに、楽をしてやせる訳などないのです。

こういった機器を使ってみて、「あ〜、やっぱり楽をしてはやせられないんだな」ということを実感し、次のステップに進むきっかけになると考えれば、私は意義があると思っています。

短期間で肉体改造は可能か？

どんな方法をとろうとも、短い期間で一気にやせるというのは、カラダへのリスクがありますし、第一、現実的ではありません。

短期間で一気にやせるためには、今の状態から急激に栄養を減らさなければなりません。いってみれば、自らのカラダを栄養失調状態にもっていくということです。

このとき一番問題なのは、カラダに貯蔵できない微量栄養素、ビタミン・ミネラルが補給できなくなる可能性があること。ビタミン・ミネラルには体内のあらゆる化学反応に関係する補酵素などの役割があります。これらが常にきちんとチャージされていないと、全身の代謝システムの機能が低下してしまうのです。

とくに、栄養をエネルギーに変えるビタミンB群の不足が1週間も続くと危険です。

たとえば、かつて「江戸わずらい」と言われた脚気《かっけ》は、ビタミンB_1不足による病気です。末梢の神経障害で脚がしびれる、心臓の機能の低下といった症状が見られます。

過剰に摂っているものを適正な量に戻すことは大切です。けれど、急激な減量によって今ちょうどいい補給量のものまで減らしてしまうリスクがあるのです。

ダイエットとなると真っ先に避けられがちな炭水化物も、急激に減らせば低血糖状態になってしまいます。若い女性などには、低血糖による集中力の低下などがよく見られます。脳の神経細胞のエネルギー源は基本的にブドウ糖。そのエネルギーが足りなければ集中力、判断力、記憶力といったものが失われていきます。2〜3か月も糖質不足が続けば、次には月経のサイクルが乱れたり、月経そのものが来なくなったりと婦人科系の機能に障害が起こることもあります。

タンパク質の不足も問題です。飢餓状態になったとき、人が一番最初に欲求を感じるのが炭水化物です。タンパク質を欲するようになるのは、もう少し後、不足状態になって2週間くらいしてからです。今このときを生きるためには炭水化物が必要。でも、すべての細胞はタンパク質でできているので、生きていくには絶対に必要な栄養素です。

免疫細胞や筋肉の細胞の材料が減れば、病気のリスクも増えますし、筋肉はやせ衰えてしまいます。

以上が短期間で一気にやせることが危険、という主な理由です。このため、カラダに負担をかけず、安全にやせていく安全基準を考える必要があるのです。

20代の頃に比べて、10kg体重が増えてしまった。よく耳にする話です。数か月の間に急激に太るという人は、まずいません。5年、10年という歳月をかけて塵《ちり》が積もるように脂肪を蓄えていくケースが大多数です。

10年で10kg太った場合、仮に1年で1kgずつ体重が増えていったとしましょう。1日にならすと20㎉余分にカロリーをとる計算になります。たったの20㎉、キャラメル1粒分です。到底、過食とはいえないレベルですが、それでも長い時間をかけて別人のように太っていくわけです。こうして長期間で溜め込んだものを一気に減らすという発想に、そもそも無理があります。

栄養失調にならず、脂肪以外の除脂肪活性組織を減らさないための安全基準は、1週間で体重の1％減、しかもここまでが上限です。もし、それ以上減らしたいという場合は、専門家の指導を仰ぐ必要があります。

減量ペースのチェックは、体重や体脂肪を毎日計測して行います。ただし、ここで重要なのは体重に一喜一憂しすぎないこと。1日のうちでも体重は1〜2kg程度、簡単に変動します。水を1ℓ飲めば1kg増えますし、便が溜まっていても増えます。逆に夏場などで汗を大量にかけば、その分減ります。

毎日、体重を計ることは大事なことですが、そうした日内変動に一喜一憂して食事を減らしてしまうと、かえってカラダに負担をかけてしまいます。これを防ぐためには、同じ条件、同じタイミングで計測することがポイントです。朝起きてトイレに行った後、朝食を食べる前に計測する。あるいは、夜、夕食の前に計測するというのでもいいでしょう。昨日は夜寝る前に、今日は朝食後、とバラバラの条件で計測しても、その数値にはあまり意味がありません。

客観的に減量ペースをしっかり見極めながら、適切な時間をかけて確実に減量を進めていく。これ以上の近道はないのです。

すべての運動には副作用がある

あらゆるものごとには、作用と副作用、いいところと悪いところがあります。筋トレでいうと、副作用は疲労です。腹筋をしたらリアルタイムでも疲れますし、その後2～3日、筋肉痛が残ることもあります。でも、こうした疲労や痛みがあるからこそ、カラダはそこから回復しようとして筋肉が養われます。作用と副作用は表裏一体というわけです。

ケガをするリスクもあります。誤ったフォームで腹筋をすると首を痛めることも珍しくありません。ただし、野球やサッカーなどのスポーツよりもケガのリスクは圧倒的に少ないことは確かです。突然、飛んできたボールに突発的に手を出して、肩や肘を痛める。相手とボールの取り合いをして倒れて脚を痛めるということはありません。決められた動きを正しく行っている限り、ケガをする可能性は限りなく小さいといえるでしょう。

有酸素運動の副作用に関してはひとつ、酸化のリスクが挙げられます。

ジョギングなどの有酸素運動では、文字通り酸素をたくさんカラダに取り入れて、エネルギーを作り出します。そのうちの一部の酸素は、反応性の高い活性酸素に変換されるのです。活性酸素は電子の配列が不安定な構造で、周囲の細胞から電子を奪って安定しようとします。これが、いわゆる酸化。活性酸素は細菌などの異物を退治する免疫機能のひとつを担っていますが、それが大量になると自分自身の細胞やその中にある遺伝子などを酸化させてしまうのです。酸化された細胞は、本来の機能を果たせなくなって錆《さ》びていきます。こうなると、皮膚のしわやたるみ、関節の炎症など老化の症状が引き起こされます。動脈硬化やがんといった深刻な病気の要因になるとも言われています。

普通に生活していても活性酸素は体内で生じています。有酸素運動時は大量の酸素をカラダに取り入れるため、より多くの活性酸素が生じやすく、酸化の害を受けやすくなるのです。外で運動して紫外線を大量に浴びる場合はなおさらです。

ただし、この活性酸素の害を防ぐことはできます。ビタミンA、C、Eといった抗酸化ビタミンを含む食品を積極的に食べる。植物に多く含まれるフラボノイドなどを摂取することも有効です。バランスよく食べていれば、こうした抗酸化成分をカラダに取り入れることができます。食生活がしっかりしていれば、活性酸素を必要以上に恐れることはありません。運動するリスクと運動しないリスクとでは、後者の方が圧倒的に高いのですから。

第7章

楽に運動するから続けられる

運動を止めた瞬間からカラダは衰える

やせるという目標を達成しようとするときには、3日間だけガムシャラに頑張ってエネルギーを消費するより毎日少しずつ運動して1か月かけてゆるやかにエネルギーを消費した方が、圧倒的にトータルの消費量が多くなります。どんなに頑張っても1日3時間程度。頑張って消費できるエネルギーは、1000〜2000kcal。まず不可能ですが、3日間これを続けたとしても6000kcalです。その後は倒れて動けなくなるでしょう。

これに対して1日200kcalのエネルギー消費を30日続ければ同じ数値を達成できます。第5章で解説したように、200kcalといえば日常生活で実践できるADLエクササイズで消費できる量。こちらの方がよほど長続きします。

学生時代、テストの前日に徹夜で勉強した知識は、テストが終わればたちまち記憶から消えてしまったように、付け焼き刃の運動はまったく身につきません。自転車に乗る、ボールを投げるといった技術は脳とカラダに記憶されると消えないのですが、筋力、持久力、柔軟性などの体力は運動を止めた瞬間から恐ろしいほどのスピードで衰えていきます。筋トレを止めれば基礎代謝が落ちます。有酸素運動を止めれば心臓や肺の働きが落ちて、同じ動きをしても息切れするようになります。ストレッチを止めて柔軟性が衰えれば、歩くときの歩幅は狭くなります。日常生活でカラダの機能のレベル低下を実感することになるでしょう。

一方、運動を続けていけば、すべての機能は維持できます。

三日坊主で残りの27日間何もせずにいると、体力は劇的に低下します。また翌月思い立って運動を始めるときには辛《つら》く感じるはずです。強度は弱くてもコンスタントにカラダを動かしていた人は、体力が少しずつ上がっているので、翌月ややレベルアップした運動にチャレンジしても、それほどカラダはキツくないはずです。

いかに激しい運動をするかではなく、いかにして続けるかが重要なのです。

具体的な目標がないとやる気は出ない

多くの人が運動を続けられない理由。そのひとつは、運動をする動機がはっきりしていないことにあります。

漠然と「ただやせたい」というだけでは、動機が弱すぎます。本当にやせたいのか、どこまでやせたいのか、やせた後にどうしたいのか。そこが明確になっていることが大切です。子どもがいる人なら、若いお父さん、またはお母さんと思われたい。婚活が目的でもいいでしょう。具体的な目標が明確にないと、よほど意志が強い人でない限り、運動を続けることは難しいと思います。

仕事にしても同じことで、方向目標だけあって到達目標がないと業績は上がりません。売り上げをこれぐらい上げるためには、1日あたりどれくらい仕事をしなくてはいけなくて、そのためには何をすべきか、綿密に戦略を立てる必要があります。その戦略以前に絶対に必要なのがモチベーションです。なぜ売り上げを上げたいのか。それは自分が幸せになりたいから、あるいは借金を返済しなければいけないから、というモチベーション。そこがスタート地点で、その次に戦略が来るのです。この順番を間違えて、いきなり戦略からスタートする人が多いというのが現実。動機なくして継続は成らず、です。

また、普段からカラダを「曝《さら》していない」ことも原因のひとつです。女性なら丈が長くてウエストのラインを隠すチュニックのような服を着ていれば、ある程度、体型をごまかせます。サラリーマンのスーツも同様に、体型をカムフラージュできます。彼ら彼女らは夏が近づいて肌を曝す機会が増えてくると、フィットネスクラブに駆け込むのです。そして夏が終わるまでは努力を続けますが、その努力は長続きしません。また肌を隠せる季節がやってくるからです。

初夏から夏にかけてやせて、秋口から冬にはまた太る。この繰り返しが最もよくありません。脂肪は増え、筋肉は減る一方で、どんどんやせにくいカラダになっていきます。やせるときには週に3回程度のトレーニングを行う必要があります。目標を達成したらそれを週に1度の頻度に落としても体型維持はできます。ようはどれだけコツコツとコンスタントに運動を続けるかにかかっているのです。

もし、はっきりとした動機が見つからないというときは、運動によって得られるであろう効果、自分にとって、また周囲にとってどれだけ有益なことがあるかを紙に書き出してみましょう。たとえば、

・スタイルがよくなる

・やせていた頃の服が着られるようになる
・若く見られる
・恋人ができるかも
・食費がかからなくなる
・体調がよくなる。健康になる。

なんでも構いません。こういった、行動を変えることで自分に訪れる利益をイメージすることを専門的には自己再評価、周囲に与える利益をイメージすることを環境再評価と言いますが、ともにこれまでの行動を変えていく上で、非常に大切な作業になります。

また、逆に運動を行わず、今のままいったらどうなるかについても書き出してみてください。

・老けてみられる
・恋人ができない

・鏡を見るのが憂鬱《ゆううつ》
・メタボリックシンドロームになる
・膝《ひざ》が痛くなる

ちょっとシビアな作業です。ですが、運動をやらないことで、どのような不利益が生じるかを客観的に直視し、感覚として体験し、それを避けたいと思うようになります。これを専門的には感情的体験と言います。これもまた、今までの行動を変えていくモチベーションに結びつける上で重要な作業です。

目標は低すぎず、高すぎず

減量の数値目標は、第1章で説明した通り、1週間に体重の1%が上限です。これを無視して最初に間違った目標を立てると、やる気は長続きしません。人は絶対できないだろうということ、逆に簡単にできるだろうということに対しては、強いモチベーションを持つことができません。1週間で3kgやせるという目標はハードルが高すぎますし、1週間で100g減らすとなれば簡単すぎてやる気につながらないのです。

体重が80kgの人ならば、その1%で800g。1週間で800gの減量は、ちょっと気を抜いたら成功しない数値です。このように頑張ればできそうという、50%くらいの確率の目標を設定することが重要です。生理学的にも無理がないし、心理的にもやる気を維持することができます。

ここまでは減量ペースの話です。適切なゴール設定をするためには、さらに詳しく現状を把握することがポイントとなります。体重だけでなく、体脂肪率とそれ以外の除脂肪活性組織のバランスを考えて、最終目標を設定するのです。たとえば体重80kgで体脂肪率が30%だとしましょう。除脂肪活性組織は56kgです。ところが、最終目標をキリがいいからといって60kgに設定してしまうと、ちょっと問題が起こります。

体重60kgになると、体脂肪の量は除脂肪活性組織の体重を差し引いた数値、4kgになります。このとき体脂肪率はおよそ6・6%です。この数値は一般的な成人男子としては低すぎます。もうボディビルダーの域です。これは、自分の中でイメージしている体型と目標の数値にズレが生じている典型といえるでしょう。

この人の望みうるベストの体脂肪率を10％とします。除脂肪活性組織の量は残りの90％で56kgです。つまり、目標体重×0・9＝56という式が成り立ちます。これを逆算すれば、適正な目標体重が割り出せるというわけです。すなわち、56÷0・9＝62・22……。およそ62kgが適正な目標体重です。たった2kgの違いで、その目標が正しいか正しくないかの分かれ道になります。体重はもちろんのこと、体脂肪の量と比率をしっかり把握することが、いかに重要かお分かりでしょう。

準備と計画に時間をかける

目標を立てるや否や、善は急げとばかりにすぐに実践。もちろん、それでうまくいくこともありますが、ときには準備不足の状態でいきなり減量に取り組み、出ばなをくじかれてしまうことがあります。どの運動が自分の性格やライフスタイルに合っているかといったことを、一度は熟考する時間を設けることが重要です。

たとえば、会社の近くのフィットネスクラブに入会したはいいけれど、仕事で疲れてろくに通えない。どんどん運動から足が遠のき、こんなはずではなかった、という結果になることもあります。どこで運動するのが一番無理がないか、そこでどんな運動をするのか、仕事が忙しいときは他でどうカバーするのか。仕事で細かく見積もりをとるように、計画を実践する前の準備期間を設けるのです。

体脂肪計を買う、複数のフィットネスクラブを見学する、水泳を習う準備をする、近所のランニングコースをリサーチする。とにかく、自分がこれから行う運動の計画を練り、周到に準備しましょう。見切り発車でえいやっと始めてしまうと、あまりいい結果にはつながりません。

このときに大切なのは、生活のサイクルに合わない選択はしないこと。低血圧で朝は苦手なのに早朝ランニングを選ぶ、前日は付き合いで飲むことが多い日の翌日をトレーニング日に設定する、などなどです。ライフスタイルに合っていないことは習慣として根づきません。生活と運動というピースの形が合わないのに、無理にはめこもうとするから長続きしないのです。もし、形が合わないときには、どちらかを変える勇気をもつ必要が出てきます。「○曜日は何があっても絶対に仕事を早く終えてジムに行く」と決める。そんな強い気持ちが必要です。

準備期間にもうひとつやるべきことは、自分がある目標に向かって運動を始めることを周囲に宣言することです。宣言することで家族や同僚、友人の理解とサポートを得ることができます。家で奥さんが料理の献立や量を考えてくれるようになりますし、同僚や友人がちょくちょく飲み会に誘ったり、酒を無理強いすることもなくなるでしょう。このような行動を専門的には自己解放と呼び、それによって周囲がサポートしてくれるようになることを援助的関係と呼びます。

自己解放には援助的関係という物理的な効果が得られることに加え、周囲に伝えたからには実行せざるを得なくなる、という心理的な効果も得ることができます。

やる気をどう維持するか

ダイエットを始めた当初は、誰しもやる気満々。ただ、その後も長くモチベーションを維持し続けるためには、ちょっとした工夫が必要です。

小さな目標をクリアしていくことで得られる、自分はできるんだ、という感覚を自己効力感といいます。たとえば、テニスだと最初は10回に1回しか打ち返せなかったのが、今日は5回に1回打ち返せるようになったという自信です。ところが、フィットネスはスポーツのように分かりやすい変化が急に出るわけではありません。とくに運動を取り入れた無理のないダイエットは、見た目に変化が生じるまでになかなか時間がかかるので、自己効力感を得にくい、したがってモチベーションを維持しにくいのです。

しかし、周囲には分からない、目には見えない小さな成功体験を意識することでも、自己効力感は得られ、モチベーションは高まります。週1回しか行けなかったジムに週2回行けるようになった、30分しか走れなかったのが今日は35分走れたなど、体重や体脂肪にはまだ反映されていない段階で、そういった自分の行動の変化の細かいことを意識し、記録していくことは、とても重要です。

私たちパーソナルトレーナーは、そういったことは見逃しません。10回の筋トレが11回できるようになりましたね、と小さな変化をひとつひとつ評価していきます。ただ、ひとりでトレーニングを行う場合、最初のうち自分を評価してくれるのは、自分自身だけです。プロセスを見逃さないことがモチベーション維持の最大のコツです。そのプロセスは必ず結果につながっていきます。食事とトレーニングは嘘をつきません。

フィットネスクラブは3か月通い続けられれば、その後も継続する傾向が高いといわれています。指導する側にとっては、そこまでどう続かせるかが勝負です。6か月間続けば習慣化し、さらに1年続けば運動習慣は日常生活の一部になります。

3か月続けば、見た目はもちろん体力が変わってきます。運動のスピード、ランニングの距離、筋トレの負荷も変わってきます。ゼロベースの自分と3か月後の自分は違うと思ってください。自己効力感を実感するほどに、また新たなモチベーションが生まれてくるはずです。

運動をする頻度が増えたり、筋トレの重量が増えたり、継続できたりと、目標に向かって前進した時は自分に対してご褒美を与えることも重要です。週に3回運動をした週末にはスパに行く。重量が20%アップしたら新しい服を買う。30日継続できたらマッサージに行くなど、節目節目で自分で自分にご褒美を与えます。最終目標を達成したら、旅行に行く、街コンに行く、ブランドの時計を買うなど大きなご褒美を与えましょう。このように目標達成に向けたプロセスを評価して報酬を与えることを専門的には強化マネジメントと呼び、行動を変える上では欠かせない戦略のひとつです。

向いていない運動はすぐ止める

運動の種目を選択して、始めたはいいけれど、その運動に向いていないと思ったときにはどうすべきでしょうか。

その運動に対しての適性は確かにあります。水泳がよさそうだと思ってやってみたら、まったく泳げない。エアロビクスが楽しそうだと思ってクラスに参加してみたら、少しも楽しくない。まずやってみなければ、その運動種目に向いているかどうかは分かりません。職業選びと同じことです。

職業であれば、会社をコロコロ変えている人の評価は当然、下がります。ところが、チャレンジする運動はいくら変えても、その人の評価が低くなることはありません。履歴書を突き返されることもありません。どんどん試してみればいいのです。

ボールを投げる、ボールを蹴《け》るといった技術を要するスポーツと違って、筋トレや有酸素運動といったフィットネスは、自分と相手を比較する運動ではありません。自分自身の体力を高めていくこと、そして目標に達したらそれを維持していくことが目的です。

AさんとBさんが、同じ1000㎉を消費したら、同じようにやせます。適正な負荷で10回×3セット行った筋トレで、得られる効果はやはり同じです。

もし、あなたが過去に100m走で常にビリだったという苦い記憶や、跳び箱を跳べなかったというマイナスの体験をもっていたとしたら、筋トレや有酸素運動などのトレーニングの結果を出すことでそれらは払拭《ふっしょく》されるはずです。正しい方法でコンスタントに運動を行っていれば必ず結果はついてくるのです。

運動はやらなければゼロ

今日は走る意欲がない。筋トレをする気になれない。そんな日もあるかもしれません。その気持ちは分かります。ただ、そんなときはカラダが疲れているわけではなく、静的疲労で血液や体液の循環が滞り、だるさを感じている場合が多いものです。

そんなときは、5分でも10分でもウォーキングやストレッチなどのウォーミングアップを行ってみてください。カラダが軽くなるはずです。そうしたらしめたものです。その勢いを借りてちょっとジョギングを始めたり筋トレを試してみましょう。

どんなエクササイズにしろ、やらないよりやった方がもちろんいい。ベター・ザン・ナッシングです。

どんなに運動習慣がついている人でも、気分が乗らないというときは必ずあります。それでも運動を始めてしまえば、達成感や爽快感《そうかい》が得られるという経験を積み上げていけば、「やらないよりやった方がいい」ということがカラダに染みついてくるでしょう。

サボる日をきちんと決める

過度に運動することで、膝や肩などカラダの特定の部位に障害が現れることをオーバーユースといいます。全身的な倦怠感《けんたい》が続き、体力が低下することをオーバートレーニングといいます。

これは、どちらかというと過去に運動経験がある人に多い現象です。自分は昔できたから、今も変わらずに運動できるだろう。運動経験者はそんな過信を抱きがちです。現状把握をせずに、過去の自分の体力や練習量を起点としているのです。会社経営にたとえると、現在の状況を把握せず、バブルの頃の業績を元にして同じ金額を投資するようなもの。会社は当然、潰《つぶ》れてしまいます。

1週間、10日とがむしゃらに運動を続けているうちに、気づけばオーバーユース、オーバートレーニングに陥り、かえってカラダにとってマイナスの効果が現れてしまうことも少なくありません。休養する日をきちんと決めましょう。すでに述べましたが、筋トレは運動後、最低でも2日は休む。有酸素運動は1週間に最低2日は休養日とするのがおすすめです。

5年後もカッコいい体型でいたい。10年後もきれいでいたい。そのためには健康であることが大前提です。人生は長丁場。タイヤがひとつパンクした状態で走って、ゴールしたとしてもその後、車が潰れてしまっては意味がありません。焦らずに、適切な休養を自分に課すことを忘れないでください。

体重が減らないと思ったら

最初は順調に体重や体脂肪は落ちたものの、ある期間から頑張っているにも拘《かか》わらず、なかなかやせない。これが、いわゆる停滞期です。

停滞期の原因は、エネルギーの摂取と消費のバランスをカラダが無意識に整えようとすることにあります。基本的に1日700kcal分、エネルギー消費をしたら体脂肪は100gずつ減っていく計算になります。とはいえ、どこかで食事量がいつの間にか増えていくことが多いのです。

運動によって消費するエネルギー量が摂取するエネルギー量を上回るようになれば、不足分はカラダの中に貯蔵しているエネルギーで賄われます。ところが、せっかく運動をしても食事の量も増えてしまったならば、体重も体脂肪の低下も当然滞る、あるいはリバウンドすることさえあります。

減量に取り組むときに、脳は元の状態にカラダを戻そうとするという説があります。あらかじめ設定された体重を下回ったとき、脳がこれを感知して、自動的に代謝を下げたり、摂食を調節して決められた体重に戻すという説です。

これを「セットポイント説」といいますが、私はこの説には疑問をもっています。その証拠に、日本人がハワイに長年住んだらハワイ人の体型になります。その土地の食生活をしていれば、体型は確実に変わります。脳が変えるわけではなく、あくまで運動の有無や内容と、なによりも食生活がカラダを変えるのです。

努力しているのに筋肉が減ってきたり、体重や体脂肪が増えるということはありえません。どこかで食べ過ぎていたり、運動の量が足りないと考えられます。一度、トレーニング内容と食事内容を振り返ってみてください。もしくは、ゼロベースで始めた頃の運動負荷が、体力がつくことで軽くなりすぎて、効果が出なくなっている可能性もあります。筋トレの回数が20回、30回と楽に続けられるようになっているなら、それは負荷が軽すぎます。同じ種目を、脚を台の上に乗せて行う、手の幅を広げてみる、カラダを今以上に深く曲げるなどして、負荷を高めていきましょう。

停滞期はあくまで停滞している状態。見方を変えれば維持期ということができます。

一度、振り返ることで停滞期を抜け出しましょう。

記録は嘘をつかない

私のパーソナルトレーナーとしての指導期間は、基本的に3か月です。それだけの時間があれば、プログラムした運動や食事について正しく理解してもらい、それらをその人の生活習慣にすることは十分可能です。しかし、トレーナーについていない場合は、3か月でそこまでたどり着くのはなかなか難しいことでしょう。最初のうちはどうしても自分自身を客観視できないことがひとつの理由です。

人は自分の姿をフィルターのようなものを通して見ていたり、都合の悪い部分はモザイク状にして見ていないふりをするクセ、また不都合な記憶を忘れたり歪《ゆが》めてしまうことが往々にしてあります。

だからこそ、自分を客観視するために記録をつける必要があるのです。体重、体脂肪率はもちろんのこと、食事、運動、休養の質と量、タイミングなどを記録することも役に立ちます。その日の体調や気分まで記録できれば理想的です。

ときには、自分の進歩を褒め、体重が停滞、あるいは増えたときには、その原因を振り返る。できるだけ客観的に自分自身を直視してください。私たち人間の記憶は実に曖《あい》昧《まい》ですが、記録は正確にあなたの減量プロセスを表してくれるでしょう。

〈記録の例〉

〇月〇日（23時15分に記録）

【目標】72kg 【体調】良好 【体重】77・9kg

【体脂肪率】20・9% 【前日睡眠時間】5時間半

【食事】朝 食パン2枚、卵焼き、コーヒー、野菜ジュース（7時頃）

昼 生姜焼き、味噌汁、ごはん、サラダ（13時頃）

夜 シチュー2杯、ごはん（20時頃）

間食 おにぎり1つ（17時頃）

【本日の運動】ウォーキング45分+ストレッチ10分（21時～21時45分）

【メモ】前日、筋トレをしたからか朝カラダが軽い。

夕飯をおかわりしてしまったので、食後いつもより多めに歩いた。

明日は食事を控えめにして、運動はせずに休養する。

第8章 やってはいけない食事と睡眠

基本はやはり食事にあり

いくら頑張って運動しようと、食事をおろそかにしては体重が減ることはありません。多くの人は、中学・高校時代から極端に運動量が減っているわけではないし、基礎代謝が急激にがくりと落ちているわけではありません。確かに運動することは不可欠ですが、消費エネルギーからすると、運動が占める割合は意外に少ないのです。第1章で食事・睡眠・運動の比率は5：3：2と紹介した通りです。1日のうちで運動する時間は、長くて1時間程度。食事の機会は1日3回、定期的にやってきます。食事以外にも水分補給や間食などもあります。

摂取エネルギーは水分補給や間食を含めた食事そのものに他なりません。食事を2割減らすことと、運動を2割増やすのとでは、まったく意味が違います。前者の方が明らかに減量に反映されるのです。体重を維持している場合、30歳、体重70kgで事務職の男性の消費エネルギー量、摂取エネルギー量はおよそ2800kcal。食事を2割減らせば、そのまま摂取エネルギーを2割＝560kcal減らすことができます。しかし、運動は一般的に10％程度ですから280㎉。ですから、運動を2倍の量に増やしてやっと、食事の2割減に匹敵するくらいです。というわけで、まずは食事をしっかり見直すことが重要です。

現代人の食事は改善するところだらけ、といってもいいでしょう。まずは量です。外食で提供される食事の量は、どう考えても多すぎます。ビュッフェ形式のレストランでもとるだけとって、残したりすることも珍しくありません。そば＋丼などのように主食がダブルで出てきたり、肉や魚という主菜がダブルに盛られた定食も、いつのまにか当たり前になっています。

「なぜ太っちゃうのかしら」と言いながら、大盛りごはんを食べた後、デザートを平らげている女性もよく見かけます。

昭和40年代前半頃までは、まだエネルギーが足りない時代でした。高度成長期とともにエネルギーは充足し、やがて飽食の時代に。40年代後半以降は、食べ物を残すということが当たり前のこととなりました。生まれたときから食べ物が身の回りにあふれていた世代の人たちは、今提供されている食事量が多いか少ないか、理解できていないかもしれません。

ベトナムやタイなどのアジアを旅すると、地元の飲食店で提供される食事の量が少ないことに驚かされます。感覚的には1人前が、日本の食事の5割からせいぜい8割くらいの量なのです。逆に欧米を旅すると、今度は何もかもが食べきれないほどのスーパーサイズです。常に満腹、食べ過ぎの状態が続いていると、こうした食文化の違いに気がつきにくいといえます。

とはいえ、そうしょっちゅう気軽に旅に出かけるわけにもいきません。日常的にできる一番簡単な方法は、自分よりやせている、理想的な体型の人と食事をすることです。同じ体型の人と食事をする場合、食事量はほぼ同じくらいでしょう。比較対照にはならないのです。

最初のうちは、もしかするとあなたは「少なすぎる」と感じるかもしれません。しかし、理想的な体型の人の食事量はほぼ適正な量です。理想的な体型の人の習慣に倣《なら》って、適正な食事のボリュームを摑《つか》むことから始めましょう。

理想的な食事とは何か

理想的な食事は、いわゆる「昭和の食事」です。主食、主菜、副菜、副々菜、汁物。大体この５つの要素で構成された食事です。主食はごはん、パン、麺《めん》など、主菜は肉や魚などタンパク質系のメインのおかず、副菜は野菜の小鉢、副々菜はひじきや豆の煮物などの常備菜、汁物の代表はもちろんみそ汁です。かつては、この５つの品目に交互に箸《はし》を伸ばすことで、栄養のバランスを取るとともにゆったりとした食事の時間を確保していました。

これに対して、牛丼のように主食と主菜が渾然《こんぜん》一体になったものは、短時間で食べてしまいます。高度成長期のお父さんは、こうしたコンビニエンスな食事をかき込んで時間を惜しんで働いていたというわけです。それに、牛丼で出されるご飯の量は、茶碗２杯程度にもなります。

伝統的な和食をとっていた時代は、大量に食事を摂《と》らなくても必要な栄養が補給できていました。加熱調理で嵩《かさ》を減らした副菜で、大量の野菜が摂れましたし、副々菜のようなものでお腹を満たしていたため、摂取エネルギーも適正でした。汁物の水分、そしてその水分によって膨らんだ野菜の食物繊維、これも満腹感を促していたのです。

ところが、この「昭和の食事」はいつの間にか崩れてしまい、現在は甘いものや油脂が過剰なもの、ポーションが小さくエネルギー量の多いものでお腹を満たしています。多くの現代人が太る根本的な理由がここにあるのです。

炭水化物カットは絶対NG

1食のうちの3大栄養素の割合をPFCバランスといいます。PはProtein（タンパク質）、FはFat（脂質）、CはCarbohydrate（糖質あるいは炭水化物）です。適正なバランスは、P：F：C＝15：25：60という割合になります。

主食である炭水化物はアジア圏では日本と同様に60％程度を占めています。欧米ではやや比率は落ちますが、それでも50％くらいです。イヌイットなど一部の民族を除いてもともと、どんな人種であれ民族であれ、炭水化物の摂取量が最も多いと考えられるのです。

小学校の家庭科の授業で、「エネルギーになるもの」「カラダの材料になるもの」「カラダを調整するもの」というような、栄養素の基礎知識を学んだ人も多いでしょう。「エネルギーになるもの」は炭水化物と脂質です。「カラダの材料になるもの」はタンパク質です。「カラダを調整するもの」は、ビタミンとミネラルです。

エネルギーになるもののひとつ、炭水化物をカットしてしまうと当然、さまざまなトラブルが起きてきます。最も恐ろしいのは低血糖状態に陥ってしまうこと。低血糖になると力が出ません。また、脳をはじめとする神経細胞は、炭水化物が最小単位にまで分解されたブドウ糖をエネルギーにしています。つまり、低血糖状態では脳の機能が低下してしまうのです。空腹時、集中力が落ちるのはこのためです。極端な低血糖になると意識を失ったり昏睡《こんすい》状態に至ることもあります。

低血糖はまた、カラダの分解を促します。体脂肪も分解されますが、筋肉を分解して糖質を作り出します。これは糖新生というメカニズムで、低血糖による飢餓状態に陥ると、この仕組みが発動します。筋肉が分解されれば、当然筋肉量は減り、基礎代謝も落ちていきます。当然体力も低下します。もう何度も繰り返して述べたことですが、それだけ太りやすいカラダになるわけです。

さらに、低血糖になると、血液中に脂肪の分解物が増えて、心臓が不整脈を起こす確率が高くなるともいわれています。

脂肪やタンパク質が摂れなくてもカラダは危機感を感じません。しかし、糖質が摂れないと生命の危機を感じるのです。カラダは血液中の糖質の量で生命のリスクをモニターしているからです。

現在、糖質を完全にカットするダイエット法が注目されています。糖質を食べて急激に血糖値が上がると、インスリンが大量に出て糖質を体脂肪として溜《た》め込みます。カラダを動かしていれば糖質は筋肉に運ばれてエネルギーとして使われますが、動いていなければたちまち体脂肪として蓄積されてしまいます。ならば、血糖値を上げなければすべて解決。血糖値を上昇させるのは糖質および炭水化物ですから、これをカットしましょうという理屈です。

糖質にはでんぷん、小麦、米、砂糖など、さまざまなものがありますが、このうちでんぷんや米は、最も分解に手間がかかるので、血糖値が急激に跳ね上がるという可能性は低いといえます。さらに、副菜や副々菜という食品と一緒に食べることで、さらに消化吸収速度のスピードは遅くなり、血糖値の上昇は緩やかになります。

炭水化物をカットすることで得られる効果は、生命の危機に比べれば極めて低いことは、誰がどう見ても明らかといえるでしょう。

もちろん、主食を大量に摂っている、副菜にイモ類や麺類などの炭水化物を摂っている、スナック菓子や砂糖タップリの飲み物を摂っている、という場合はそれを適正な炭水化物の摂取量まで減らすことは必要です。

脂肪も大事な栄養素

糖質やタンパク質が1gにつき4kcalに対して脂質は9kcalです。ですから、脂質は減量時には悪者にされがちです。しかし、もちろん脂質もカラダにとってなくてはならない栄養素。全身に約60兆個存在する細胞の膜の一部は、リン脂質という脂質の一種で構成されています。細胞を分裂させて新しい細胞を作るためにも、脂質が必要不可欠というわけです。古い細胞が死んでいくのと同時に新しい細胞は常に作られています。脂質がなければ、そのサイクルが崩れてしまいます。

また、ホルモンの一部も脂質によって構成されています。その典型が男性ホルモン、女性ホルモンという性ホルモンです。ですから、脂質があまりにも不足すると、女性の場合は月経が止まってしまうこともあるのです。場合によっては更年期を待たずに閉経してしまう可能性さえあります。女性ホルモンは骨を新しく作る機能にも関わっているので、骨密度の減少にもつながります。

皮膚の表面を覆う天然のクリーム、皮脂の材料もまた脂質です。極端に不足すれば当然、肌つやが悪くなります。

とはいえ、積極的に食事で油脂を摂る必要はありません。肉や魚といったタンパク質食材には十分な脂質が含まれているからです。調理によって必要以上の油脂を使うと、過剰摂取になってしまう危険もあります。油脂はとくに必要以上に避ける必要もなく、意識的に摂ろうとする必要もありません。日本の伝統食のようなバランスのいい食事をしていれば、必要な脂質量はカバーできます。

脂質にしろ糖質にしろ、ある種の栄養素を極端に減らしたり、逆に過剰に摂ることは、カラダにとって百害あって一利なし、ということを覚えておいてください。

1日4食で太りにくいカラダに

急激な血糖値の上昇は体脂肪の蓄積を招き、その後起きる急激な、長時間の血糖値の低下は生命の危機を招く。このことはすでに説明した通りです。

1日2回食べた場合と3回食べた場合とでは、前者の方が空腹時間が長いので低血糖状態になりやすく、食事の度に急激な高血糖を招きます。血糖値の山が大きいほど脂肪が溜まり、谷の状態が長いほど筋肉が分解されていきます。山や谷はなるべく最小限に抑え、ものすごく空腹を覚えることなく、ものすごく満腹感を感じることもない。常にこの状態をキープすることが大切なのです。

そのために役立つのが、「分食」という考え方です。1日3食食べている人なら、食事回数を増やして4食にするという方法です。といっても、3食しっかり食べて、さらに1食加えるという意味ではありません。それでは明らかにカロリーオーバーになってしまいます。そうではなく、1回分の食事を2回に分けて摂るのです。

ほとんどの人にとって、食事と次の食事の時間が長く空くのは、やはり昼食と夕食の間でしょう。朝食で血糖値の山がちょっと上がり、昼食でそれよりやや大きな山ができて、その後は少なくとも6〜7時間、長ければ9時間くらい低血糖の谷状態が続き、夕食を一気に食べてその日一番の血糖値の山がやってくる。これを防ぐためには、夕方4時くらいに一度血糖値を上げておく必要があります。

血糖値を上げるためにぱっと口にできるという意味で、このときの分食は炭水化物が現実的でしょう。コンビニのおにぎり1個、またはサンドイッチを1パック食べておき、その分、夕食は大盛りごはんを食べている人は、ごはんを減らして普通盛りにします。夕食はいつもおにぎり1個分くらいという人は、夕食の主食は抜きで、おかずだけ食べましょう。

分食はいわゆる「おやつ」ではありません。あくまで血糖値コントロールのための食事のメソッドです。その目的からすると、ゆるやかに血糖値を上げるものがおすすめです。

優先順位でいえば、米やパンなどの主食系。次に比較的手軽に食べられるバナナなどもおすすめです。もし、お菓子類を食べるのであれば、チョコレートをひとかけ、クッキー2枚程度であれば、何も食べないよりはいいでしょう。とはいえ、おむすび1個の方がお菓子類より血糖値がゆっくり上がってゆっくり下がります。選択肢がある場合は、甘いものより主食系を選んだ方がベターです。

何も食べずに運動は危険

サラリーマンの場合であれば、仕事が6時半頃に終わるとして、フィットネスクラブに行けるのは7時半頃でしょう。実際、この時間帯はフィットネスクラブのラッシュアワーです。とすると、昼食から7時間以上経っていることになります。何も食べていなければ、血糖値は下がりまくっていますし、その状態で運動するとますます低血糖になってしまいます。

そこで、分食をして4時頃に補食を摂る意味がますます出てきます。夕方4時に食べたおにぎりは、夜7時半には胃の中を通過しています。それでいて血糖値は下がっていないので運動をする条件は整っているわけです。仕事が終わった後に運動する人にとって、夕方の分食はマストと心得ておきましょう。

一方、朝運動を行うという場合。起床してから運動するまでに少なくとも一度、血糖値を上げておく必要があります。朝起きたときは、1日のうちで最も血糖値が低い状態だからです。運動するにはあまりおすすめできないタイミングではありますが、その時間帯でしか運動できないという人もいるでしょう。前述のように運動はすべからく、何もしないよりやった方がいいというのが基本です。非常手段として、果汁100%のジュースかスポーツドリンクなどを、200～300㎖摂ってからカラダを動かしましょう。

暴飲暴食をしてしまったら次の日にリセットする

人生は長丁場です。1週間2週間という短期間で、過酷な減量に臨むボクサーとは違います。減量中とはいえ多少の山や谷はあるでしょう。結婚式、送別会、忘年会に新年会。それらをすべて断っていたら、人生は恐ろしくつまらないものになってしまうでしょう。

もし、前日に食べ過ぎたり飲み過ぎてしまったときは、なるべく翌日の食事で帳尻《ちょうじり》を合わせましょう。前日の夕食がいつもの倍になってしまったとしましょう。およそ1000kcalのオーバーです。食事をまるまる1回抜くのは血糖値の上下動を招くので、それはなしとして、1日3食で1000kcal分をマイナスします。1食につき300kcal強のマイナスです。主食を半分に、そして主菜を3割程度減らせば、この数値はクリアできます。副菜や副々菜は、代謝に必要なビタミンやミネラル、食物繊維を含んでいるので、こちらは減らさずに。

ただし、今日の食事で帳尻を合わせたから、また明日あたりに羽目をはずしてもOK、というわけではありません。暴飲暴食の許容範囲は月に1〜2回。この対策は、あくまでもしものときの緊急避難的措置と考えてください。

水はいくら飲んでも太らない

水分は原則的に、摂りすぎるということはありません。むしろダイエット中、水分は強い味方になってくれます。たとえば、食事の前と後に500mlくらいの水を飲むと、食欲が抑えられます。自他ともに認める大食漢なら普通の量の食事で満足できますし、もともと普通の量を食べていた人は少食になるでしょう。

「水を飲んでも太る」とよく言いますが、たとえ水を大量に飲んだとしても、水分はカラダに溜めておけるわけではありません。腎臓、心臓、肝臓の機能が低下していたり、高血圧の場合は水分が溜まって浮腫《ふしゅ》を起こすことがありますが、それ以外は、尿や汗、呼気などによってカラダの外に排出されます。

ではどんな水分をとっても問題ないかといえば、もちろん答えは否。清涼飲料水や缶コーヒーは砂糖の固まりのようなものです。毎日飲めば、そのカロリーの量だけ太るリスクはあります。基本的にダイエット中に積極的に飲むべきなのは、ノンカロリー、ノンアルコール、ノンカフェインのドリンク。ノンカフェインがおすすめの理由は、カフェインに利尿作用があり、飲むことでかえって脱水を招いてしまうからです。

食欲は血糖値だけでなく、のどの渇きによって引き起こされる部分もあります。水を飲むことで胃が満たされることとのどの渇きが癒《い》やされることで、過剰な食欲を抑えることができるのです。そもそも食べ物の半分以上は水でできています。食事量を減らすと、自ずと水の摂取量が減るので脱水になりやすいのです。ダイエット中は、朝、昼、晩の食事ごとに、またそれ以外の時間もこまめに水を積極的に摂り、1日1・5〜2・0ℓくらいの水分を摂りましょう。

睡眠不足だと肥満になりやすい

8時間の睡眠をとっている人と5時間睡眠の人では、後者の方が当然のように3時間起きている時間が長くなります。大抵の場合、この3時間の間、人は何か口にしてしまいます。覚醒した脳は血糖値の低下をリアルタイムに知覚するからです。中学生くらいの時期に夜更かしをして空腹で眠れず、インスタントラーメンをよく食べたという人もいるでしょう。もっともこの時期は成長が盛んなので、体脂肪にはなりにくいのですが。

最近の研究では、睡眠時間が短くなるほど食欲を増進するグレリンというホルモンが上昇し、かわりに食欲を抑制するレプチンというホルモンが低下することが分かっています。夜中に起きているとなぜか空腹感を感じる。これは経験的に知られていたことですが、現在では科学的に証明されているというわけです。

もうひとつ重要なことは、ストレスが過食を招くということ。ストレスを解消する最大の方策は睡眠です。

睡眠の最大の役割には、脳のクールダウン、新陳代謝の促進などがありますが、ストレスを解消するというのも重要な役割のひとつです。眠ることで不必要な記憶は脳から取り除かれ、自分にとって心地のいい記憶だけが残ります。多少嫌なことがあっても人が何とか健康に生きられるのは、このシステムが働いているからです。ところが、睡眠がきちんととれていないと、その日のイライラがそのまま脳に残ります。すると、そのイライラを解消するために過剰な食欲が増進されてしまうのです。

きちんと眠ることで、ストレスはかなり解消されます。脳とカラダ、メンタル面の休息にもつながるからです。とくに、心理的ストレスを緩和する睡眠の働きは重要です。過食気味の人は、かなりの確率で精神的な悩みや不安を抱えています。睡眠不足でストレスを感じる時間が長くなればなるほど、過食が促されてしまうのです。

ここで、適正睡眠時間を考えてみましょう。

睡眠にはカラダと脳のどちらも休息させる深いノンレム睡眠、脳が覚醒した状態の浅いレム睡眠の2種類があります。就寝後から起床するまで、このノンレム睡眠とレム睡眠が交互にやってきます。わずかな個人差は多少ありますが、ノンレム睡眠＋レム睡眠は基本的に90分1セット。カラダと心のストレスをきちんと解消するためには、このセットを5セットは欲しいところです。90分×5セットで450分、7時間半程度の睡眠時間が必要ということです。8時間睡眠がよいといわれるゆえんのひとつがここにあります。

ただし、だからといって睡眠時間を長くとればいいというわけではありません。5セット以上の睡眠の大部分はレム睡眠です。浅い睡眠を長くとってもほとんど意味がありません。睡眠はその深さが大事です。どうやって深い睡眠がとれるかというと、朝、太陽の光を浴びることです。人のカラダには、1日24～25時間のリズムを刻む体内時計のシステムが備わっています。この時計のリズムを地球の日光周期に同調させること。これだけで、体内リズムがリセットされ、およそ15時間後から睡眠を促すメラトニンというホルモンが分泌されて自然に眠気が訪れ、深い眠りが得られます。睡眠に問題のある人は、生活が夜型になっていて体内時計と日光周期がズレています。その結果、太りやすくなります。朝の太陽の光を浴びることで良質の睡眠を適正な時間とることが、ダイエットではとても重要なのです。

疲れているときは、あれこれ考えて起きているのではなく、ともあれ眠ってしまうこと。これが太らないコツでもあるのです。

寝る前の激しい運動は避けるべき?

何度も言いますが、運動はどんな条件でもやらないよりやった方がいい。寝る前にしか運動ができないというのであれば、もちろん、やらないよりはいいでしょう。

でも、たまたま今日は朝、運動できなかったので、このタイミングでやってみる。そのレベルなら、むしろ避けた方がいいでしょう。理由は、そこそこ激しい運動をすると交感神経が活性化し、睡眠が浅くなってしまうからです。

もし寝る前に運動するなら、長い時間がかかる有酸素運動ではなく、短時間で終わる筋トレがおすすめです。有酸素運動が30分以上かかるのに対して、筋トレは20分もあれば5、6種目行えます。セット数を減らせば5分でも可能です。また、よりおすすめなのは副交感神経の活性化を促すストレッチです。

現代人は全体的に夜型の生活をおくっています。夜中にテンションが上がり、夜いつまでも起きていて、朝一応目が覚めるものの午前中いっぱいはカラダが寝た状態。夜の睡眠は浅く、日中の活動量は低い。夜運動することで、この夜型生活がますます進んでしまっては本末転倒です。運動はせいぜい夜の９時くらいまでにはすませる。寝る直前に運動を取り入れるなら筋トレかストレッチを。

健康なダイエットのためには、それより何より、可能な限り夜型から朝型の生活にシフトすることが基本と考えましょう。

あとがき

私は長年トレーニングの指導をしている中で、ずっと抱えてる一つのフラストレーションがありました。それは、「本当に運動が必要な人ほど、運動をしようとしない」ということです。

私たちトレーナーは、それぞれの方の目的や状態に合わせ、最も安全で効果的な運動の方法を提案し、その継続に向けてのお手伝いをします。しかし、運動に対する興味、関心が全くない皆さんには、積極的に講じる術《すべ》がないのです。

どこのフィットネスクラブでも、毎日のように訪れるいわゆる常連メンバーは総じて若く健康的で、それ以上やる必要がないほどに何時間もトレーニングを行い、さらに貪欲にインストラクターに質問をし、指導を求めます。

一方で、本当に切実に運動が必要な、健康不安のある方、非常に体力の低い方、肥満度の高い方、ご高齢者というのはなかなかフィットネスクラブに入会してきませんし、入会してもあまり通うことなく、短期間で退会してしまいます。

運動が必要なのに運動をしようとしない、運動が続かない、いわば運動嫌いの皆さんに、運動は難しいものではないし、意外なほど少ない努力で確実な結果が出るんだということを、かねてから伝えたいと考えていました。

そんな思いを抱える中、今回幻冬舎様よりお声掛けを頂き、運動嫌いの皆さんに向けた本書を世に送り出すことができました。

街中で見かける歩き始めの乳児は、まるで歩くこと一歩一歩を楽しむように笑顔を浮かべていますし、幼児は横断歩道の白いところだけを跳びながら歩いたり、縁石を平均台に見立ててバランスをとったりと、いつでもどこでも体を動かすことを楽しんでいます。皆さんもそんな子供だったはずです。

どうぞ、本書をきっかけに、少しずつカラダを動かし、運動を楽しむ気持ちを思い出してみてください。本書では幅広い運動のごく一部、筋力トレーニングを中心にお話をしていますが、これをきっかけに、ランニング、ヨガ、登山など自分の性格やライフスタイルに合った運動を探して頂ければと思います。

末筆ながら、本書の企画をしていただいた幻冬舎の寺西様、細部にわたり編集にあたって頂いた石飛様、ご多忙の中撮影頂いた田辺様に感謝の意を表し、おわりの言葉とさせて頂きたいと思います。

2013年8月末日　スポーツ&サイエンス：坂詰　真二

著者略歴

坂詰真二

さかづめしんじ

一九六六年、新潟県生まれ。

横浜市立大学文理学部卒。

「スポーツ&サイエンス」代表。

NSCA公認ストレングス&コンディショニング・スペシャリスト。

同協会公認パーソナルトレーナー。

現在は各種アスリートへの指導、スポーツ系専門学校講師を務めながら、

雑誌『Tarzan』（マガジンハウス）など、

様々なメディアで運動指導、監修、出演を行う。

近著に『やってはいけない筋トレ』

『やってはいけないストレッチ』（ともに青春出版社）

などがある。

幻冬舎新書 317

運動嫌いほどやせられる

最小の努力で最大の効果を得られるダイエットメソッド

二〇一三年九月三十日　第一刷発行

著者　坂詰真二

発行人　見城徹

編集人　志儀保博

発行所　株式会社　幻冬舎

〒一五一-〇〇五一　東京都渋谷区千駄ヶ谷四-九-七

電話　〇三-五四一一-六二一一(編集)

〇三-五四一一-六二二二(営業)

振替　〇〇一二〇-八-七六七六四三

ブックデザイン　鈴木成一デザイン室

印刷・製本所　株式会社　光邦

Printed in Japan　ISBN978-4-344-98318-2 C0295

さ-10-1

幻冬舎ホームページアドレス http://www.gentosha.co.jp/

＊この本に関するご意見・ご感想をメールでお寄せいただく場合は、comment@gentosha.co.jp まで。

幻冬舎新書

森由香子

なぜベトナム人は痩せているのか

炭水化物が好きな人のための分食ダイエット

ダイエットで陥りがちなのが「炭水化物抜き」。だが、それでは逆に代謝を落とし太りやすい体を作るだけ。肥満が圧倒的に少ないベトナム人は、毎食米を食べる。しかし一度に食べる量は少なく、食事の回数は多い！

山本ケイイチ

仕事ができる人はなぜ筋トレをするのか

筋肉を鍛えることは今や英語やITにも匹敵するビジネススキルだ。本書では「直感力・集中力が高まる」など筋トレがメンタル面にもたらす効用を紹介。続ける工夫など独自のノウハウも満載。

朝原宣治

肉体マネジメント

36歳の著者が北京五輪で銅メダルを獲得できた秘密は、コーチに頼らない、卓越したセルフマネジメント能力にあった。日本最速の男が、試行錯誤の末に辿り着いた「衰えない」肉体の作り方。

寺門琢己

男も知っておきたい　骨盤の話

健康な骨盤は周期的に開閉している。さまざまな体の不調は、「二つの骨盤」の開閉不全から始まっていた。ベストセラー『骨盤教室』の著者が骨盤と肩甲骨を通して体の不思議を読み解いた。